XIANDAI XIFANG
ZHEXUE YU
XIANDAI ZHUYI
YISHU

现代西方哲学与现代主义艺术

顾丽霞◎编著

中央民族大学出版社
China Minzu University Press

图书在版编目（CIP）数据

现代西方哲学与现代主义艺术/顾丽霞编著．—北京：中央民族大学出版社，2015.10（2018.3重印）

ISBN 978-7-5660-0665-3

Ⅰ.①现…　Ⅱ.①顾…　Ⅲ.①西方哲学—研究 ②现代主义—艺术—研究—西方国家　Ⅳ.①B5 ②J110.99

中国版本图书馆 CIP 数据核字（2015）第235695号

现代西方哲学与现代主义艺术

编　　著　顾丽霞
责任编辑　戴佩丽
封面设计　汤建军
出 版 者　中央民族大学出版社
　　　　　北京市海淀区中关村南大街27号　邮编：100081
　　　　　电话：68472815（发行部）传真：68932751（发行部）
　　　　　　　　68932218（总编室）　　　68932447（办公室）
发 行 者　全国各地新华书店
印 刷 厂　北京盛华达印刷有限公司
开　　本　787×1092（毫米）　1/16　印张：16.5
字　　数　200千字
版　　次　2015年10月第1版　2018年3月第3次印刷
书　　号　ISBN 978-7-5660-0665-3
定　　价　66.00元

前　言

首先要说明的是，本书不是一部哲学史方面的书，也不是一部艺术史方面的书，但其所要探讨的问题又离不开上述两方面内容。

本书力图通过对 19 世纪后半叶及 20 世纪以来西方社会中哲学和艺术的变化发展，特别是存在于二者之间那些若隐若现的种种关系的探讨，发现在看似个别独立或似偶然出现的艺术现象背后所隐藏着的、并发挥着相当重要作用的种种因缘。从某种意义上也可以说是对艺术与哲学关系这一古老话题在现代背景中的又一次探索和展开，希望通过探讨使我们对这一时代那些轮番登场、争奇斗艳的现代主义文艺有更多的和更深层的了解和感悟，而非仅仅停留在表面。

笔者在长期的教学研究中感到，西方现代主义艺术与它所在时代的哲学之间有着难以剥离的密切联系。以现代主义哲学作为现代主义艺术的诠释角度和文化背景，能够使我们更加深入地了解现代主义艺术的产生、变化和发展的原因，换言之，了解现代主义哲学可以说是理解现代主义艺术的一个不可或缺的途径。长期以来，介绍研究现代西方哲学或现代主义艺术的书籍和文章并不少见，但对于二者之间关系的探讨却所见不多，而笔者认为进行这方面的探讨是一件十分有意义的事情。

通常，哲学被认为是人类将自己的理智运用到极致的一门学问，以致它要去追求那些超乎于人类经验世界之外的东西；艺术则被认为是人类感性挥洒到极致的硕果，将喜怒哀乐、爱恨情仇集于一身。看似两股道上跑的车，其实却有着剪不断理还乱、盘根错节式的种种联系。

人原本就是理性与非理性的矛盾统一体。凭借理性的优势，人从动物中脱颖而出，“主宰”了地球；但另一方面他终究是动物，生命本能赋予他的一切依然发挥着它该发挥的作用。所以理性与非理性在人这里从来就不曾截然分离过，不过总是处在此消彼长、你强我弱的博弈之中罢了。我们给某一时代冠以“理性”或“非理性”时代，也不过是在这种意义上所言而已。

在艺术活动中，感性的因素多一些，发挥的作用大一些。而在感性当中既有理性因素又有非理性因素，其中非理性的成分又多些。故人们通常会觉得艺术活动更多的不是靠逻辑的判断推理来展开的，而是靠激情、情感来推动的也就不足为怪了。

艺术家和哲学家是精神世界中这样两类先行者：哲学家们通过自己强大的思想力，以自觉的方式洞悉世界发生的微妙变化，并寻找其背后的原因，之后以理论的形态反映出来；艺术家们则常是一个非常敏感、有时甚至是先知先觉的群体。他们凭借自己与众不同、得天独厚的感知力，以其最具灵性的触角，探测到将要来临事物的气息而将其形象地、感性地表现出来，当然这一表现也许是不自觉的。有如房龙在《人类的艺术》中出色的描绘：“真正的艺术家和哲学家一样，是个拓荒者。他离开人们经常走的路，常常一去就是几年，去找一条新路，常常一去不返。可能在寻找高峰的时候，被洪荒所吞噬。有时可以找到放在他的白骨周围的绘画，那是他在最后孤独的时刻画的。……拓荒者在孤独中死去，正好说明艺术家在精神世界里远远走在一般人的前面。”① 一个靠非凡的理性，一个靠天才的感知力，处在相同的时代他们对事物的未来走向取得颇为相似的预见当在情理之中。当然，艺术家的不自觉觉察，可以在哲学家的提示下变得自觉起来；而哲学家们的自觉反思，也可以在艺术的刺激下借助其推力得以强化。哲学与艺术之间的这种相互联系，在近一百多年当中表现得十分突出。

当然，在论及这一问题的时候，另一种倾向也需要注意。这就是作为艺术家，他们除了在艺术作品中表达某种哲学观念和思想外，最重要的或者说最本质的责任是表达艺术本身的形式美。如果艺术家们盲目地追求艺术的思想个性化或生硬地让艺术作品成为某种哲学思想的代言从而放弃了对形式美感受的考虑，便会使人感受不到美，以致使艺术作品失去了其独立的艺术价值。在二十世纪艺术的发展中，艺术领域多有这种趋势。所以在关注艺术与哲学之相互联系时，也不能忘记他们之间的区别。正如张汝伦教授所言：艺术如果还要继续存在下去的话，它就必须走向哲学，但不是变成哲学；就像哲学还要继续存在下去，就要走向艺术，但不是变成艺术。这取决于时代，也取决于在这个时代从事艺术和哲学的人。

因为是在授课讲稿的基础上编著，本书的叙述方式采用

---

① 房龙：《人类的艺术》中国和平出版社 1997 版

了学生较为容易接受的方式来安排。没有选择先完整地讲完现代西方哲学再讲现代主义艺术那种看似比较完整的结构，因为倘若那样，学生需要在一个较长的时间当中始终保持一种高度哲学思考状态，这对于学艺术的学生有点勉为其难了。照顾到授课效果，采取了如下方式：讲一种哲学思潮之后接着讲与之关系最为密切的艺术思潮，同时探索揭示它们之间的联系，这样讲起来效果会更理想些。当然，必须说明的是这样的编排方式并不意味着某哲学思潮同某艺术思潮具有完全的一一对应的关系，只表示他们之间的关系更为密切罢了。也许一种哲学会影响多个艺术思潮，反之也许某一艺术思潮受到不止一个哲学思潮的影响，这些情况笔者会在论述当中适时地加以指出或解释。

另外，本书以“现代西方哲学与现代主义艺术”为书名，着实大了些。因为就“现代西方哲学”而言，所涉内容很多，而在此只是选取其中与现代主义艺术关系较为密切的一些思潮流派，重点是带有强烈非理性主义色彩的人本主义哲学；而文艺方面也非面面俱到，同样是选择了具有代表性的流派和思潮，希望通过这样的论述，能对读者了解和认识 20 世纪前后一百年来哲学与艺术之间的关系，起到一个窥见一斑的作用。

目　录

第一章

现代西方哲学：非理性主义转向的凸显

哲学，Philosophy（philo-sophia），其本意是“爱智慧”，即对智慧的热爱和追求，自古希腊产生千百年来，它一直凝聚着人类企图通过追根寻源的方式找到至真至善的终极实在，从而超越自身乃至超越时空进入永恒的一种终极关怀的情结。

从苏格拉底、柏拉图、亚里士多德到笛卡尔，再到康德、黑格尔，一直延续着这样的模式和梦想。但就在一百多年前，这种模式受到了强烈的质疑甚至反对。一直以自身拥有理性并力图通过它而得到所需所想的一切而自傲的人类，似乎一时间不再坚信以往的这一信条，却转而对理性的对立面——非理性情有独钟起来。这一变化缘起何由，又对人们的思想进程乃至精神世界发生了怎样深刻的影响，这些问题耐人寻味，值得反思。

一、转向的缘由

现代西方哲学发生多重转向，如非理性主义哲学转向、生存哲学转向、语言哲学转向等，其中非理性哲学的转向对人们重新审视自己的本性以及自身的生存状态和价值有着十分基础性的意义。

非理性思想古已有之。古希腊《荷马史诗》就既体现了理性的智慧又迸发出生命的激情。苏格拉底、柏拉图和亚里士多德也都曾谈论过，像柏拉图认为理性克服非理性才能够过好生活，否则人就不能很好地生活。到了康德那里更是给理性限定了适用范围。当然，作为哲学思潮的非理性主义，只是在19世纪中叶才凸显出来。这主要是指以叔本华、尼采、克尔凯郭尔、柏格森等为代表的意志哲学和生命哲学，以及弗洛伊德和荣格为代表的心理分析理论等。他们在揭露了理性主义原则对解释人类自身现象的种种无能的同时，着力强调了不受理性指挥的意志、本能、无意识、直觉、梦等非理性因素在人生命活动中的优先地位及重大影响。

造成这一转变的主要缘由大体可以从两方面看：一是西方哲学发展的自身逻辑使然；一是西方社会发展的现实使然。

（一）西方哲学发展的自身逻辑使然

哲学要用理性去追寻人生乃至世界之根本，为的是给自己找到一个得以安身立命的根据。当人们不顾艰难险阻，历经艰辛在漫漫长途中探寻上千年后，担此大任的理性却未显示出有能完成这一使命的迹象和力量时，人们开始对它发难并质疑其能力了：理性恐怕原本就没有这样的能力也并非代表着人之根本；深邃的人性绝不是单单依靠理性能够理解与说清的；对人的终极关怀也绝非仅靠理性就能达到的，等等。与此同时人们也陡然察觉，自己已走上了一条为解谜而解谜的路，却将之所以要解谜的初衷扔到脑后茫然无觉了，忘记了对自身的关怀。如同这番情景：人们为了有个美好生活而去拼命努力赚钱，赚到后来有些人却变成只为赚钱而赚钱，成了赚钱的机器、金钱的奴隶，享受美好生活不再和他有关。正是在这种情形下，人们将自己的目光转向它的对立面——非理性，19 世纪中期德国古典哲学就是在这种背景下走向终结的。非理性主义强调人的情感意志、本能冲动等活动在人的整个精神和物质存在中的决定作用，认为或许它才是人之根本所在，借助它方能解开宇宙万物之谜团，找寻到世界之根本，于是非理性成了哲学的关注重点，由理性到非理性的转向亦成当然。

（二）西方社会发展的现实使然

理性主义带来了科学技术的繁荣和巨大的物质财富的同时，由技术统治的社会犹如一架机器。在一个旋转起来的机器面前，人感到自己如同机器上的一个个零件完全由不得自己，丧失了自主以及伴随自主性而来的自豪感。特别是不断的经济危机、世界大战、社会秩序日益混乱，极大地动摇了资本主义的理性社会的信念，人们理性主义的社会理想破灭，资产阶级一直以来宣扬的理性主义大道理，如自由、平等、天赋人权等等及《圣经》告诉人们的人和人之间是兄弟，在现实社会中特别是在帝国主义的战争中都灰飞烟灭。

现代科学领域中，现代逻辑学、数学与物理中的非决定性、不稳定性和不完全性；爱因斯坦的相对论、海森堡的测不准原理、普里高津的不稳定性与非平衡态理论等都使人们对传统理性的限度开始深入反思：靠理性把握的世界是有限的，而非理性的力量也许远非人们所知道的那点儿，需要进一步深入挖掘，或许依靠其他社会的整合才能得以保证。

由此可见，这种对理性普遍失去信念的社会背景必然导致了理性主义哲学的危机。非理性主义的转向恰恰是现实生活中人的精神普遍游离于理性之外的一种反映，而艺术领域中出现的一系列现代派艺术也同样是对这一人类现状的反映。

二、从崇尚理性到热衷非理性

（一）理性的足迹，形而上学的传统

自柏拉图以来，西方哲学始终有一种要超越时空，进入永恒，追求绝对真理的深厚的形而上学传统或终极关怀的情结：相信存在万物本原，相信理性有把握普遍性、必然性的能力，通过理性的不断探究终可寻得本原。差不多所有的哲学派别都在重复柏拉图的思想，试图建立一个不受时空限制的知识构架，为人类的文化提供一个终极的基础。柏拉图之后的笛卡尔、康德、黑格尔等在这条路上留下了深深的足迹。

柏拉图（Plato，公元前427—公元前347）——理念论

在古希腊，哲学乃是世间一切事物的问题所由起与所解答

的终极学问。

万物由何而起？

柏拉图回答：运用理念才能说明这一问题。而理念本身则需凭人的理智去获得。

在柏拉图看来，有两个世界：现象世界和理念世界。理念世界是现象世界的原型，在现象世界的背后；而现象世界则是理念世界的摹本。

柏拉图认为，真知必须以不变者为对象。在日常生活的现象世界中，我们所见到的各色事物既没有相同的又总是在不断变化的，故不能作为真知的对象。真知来自于理念世界，其固定的、永恒不变者即“理念”。理念是实在的、独立自存的抽象原理，不是人心里由知觉而起的观念，因此它不能由感官而得知。按柏拉图的说法，人的灵魂在投胎以前就已经对理念世界有了直接的认识，由于投胎后受肉体的阻碍，难以回忆起原有的知识，所谓学习就是唤起忆起前生已有知识，这须由感官上的经验来提醒唤起，进而再由理智上的推理而达成。

例如：我们在纸上画一个正方形，可以肯定地说这个正方形并不是一个精确的正方形，即使我们用世界上最精密的仪器，也无法使它具有绝对直的边，丝毫不差的直角，画出的线仍将会有一定的宽度（而一条真正的直线是没有宽度的，画出的角也会有误差）。换句话说我们不可能画出一个真正的正方形，也没法以它为根据做出几何证明。

柏拉图的回答是：其实画在纸上的正方形只是一个不完美的物质实例，我们在做证明题的时候真正打交道的并不是它而是正方形的理念（理式、形式），即一种非物质的完美的正方形，它不存在于物质世界的任何地方。

那么，它存在于何处抑或根本不存在？

柏拉图认为它的确存在着，存在于理念世界中。它非物质而且永恒不变，要比画在纸上的正方形真实。如同两个看上去一样大小的苹果，虽然世界上绝没有两个一样大小苹果，但它们会让我们想到“一样”。

笛卡尔（René Descartes 1596—1650 法）——我思故我在

笛卡尔是西方近代哲学创始人之一，理性主义之父，近五百年西方哲学的真正奠基者。

笛卡尔反对把真理的获得说成是上帝的恩典。针对宗教迷信、盲目的信仰，他提出人人都具有理性（能判断真假是非的聪明才智），正确地运用它就可以获得真理。经过笛卡尔系统化论证理性的作用有了方法论的意义。

那么，如何正确运用它呢？笛卡儿认为这就首先要对一切稍有可疑的事情统统加以怀疑，把一切不可靠的东西推到，从而找寻到能正确运用理性的可靠出发点——这个出发点应当是一个最清楚明白的、最毋庸置疑的原理。

他这样想：我可以怀疑这个，怀疑那个，但我不能怀疑“我在怀疑”这件事，因为若怀疑此事，不就还说明“我正在怀疑”吗？而我怀疑，就是我在思想，既然我在思想，那么这个在思想的我就不能不存在。由此他推出了他著名的哲学命题“我思故我在”（Cogito ergo sum），笛卡儿将此作为形而上学中最基本的出发点。

我思故我在，首先肯定了认识必有主体——“我”，笛卡尔将“我”称之为“灵魂”或“心灵”，其属性是思想，有着自由和目的性，为一种实体。接着他又说了认识必有客体——

肉体，其属性是广延（占有空间的性质），受机械的必然性支配，也为一种实体。灵魂与肉体，心与物是彼此独立、互不依赖、各行其是的实体，但它们都是由上帝创造出来的，并都要秉承同一上帝的意志——天意。上帝在我们心外，是另一独立实体，是心与物的共同来源。由此，笛卡儿确定了三种实体的独立存在，即：物质实体，灵魂实体和上帝实体。

人是作为物质实体的肉体和灵魂实体的心灵的结合，人是上帝的创造物。其心灵的领域存在着自由和目的性，其肉体则由机械的必然性支配，遵循机械运动的规律。

笛卡尔虽然引证了《圣经》上帝创造一切的说法，但他的这个上帝与中世纪那个至高无上的统治者不一样，是经过他改造了的上帝。在他那里，上帝更像是一位最高的立法者，钦定了一部万世不变的法，之后就不再出新主意了。执法者（如科学家）只要精通其法，照章办事就行了，上帝不会干涉他们的。这样的上帝实际上更接近我们说的客观的自然。有上帝这样的保证，科学家们就可以放心地研究科学，不必再为触犯了“天条”而提心吊胆了。他们获得的理性认识就是上帝早已钦定了的法（如同大自然固有的自然规律）的反映。

由于笛卡儿明确提出心、物二元分别绝对独立存在。就当时而言，这一创举意义极为重大，它使十七世纪初的西方人在认识论上突飞猛进。它意味着科学家在对物质实体进行研究时就可以把上帝和灵魂搁在一边，避开神学、形而上学以及其他一切涉及人自身的梦幻、疑惑等神秘学说的干扰，从而使人类认识的起点牢牢地扎根于物质的机械运动的基础上。由此，西方自然科学的发展取得了质的飞跃。

在衡量观念是否具有真理性的问题上，笛卡尔本质上还是

“符合论”，即观念与实际相符者为真，只是他不能直接肯定外物的客观实在，无法直接进行比较（尚未能达到200多年后马克思将主观见之于客观的“实践”作为真理的检验标准的水平），只好借助了一个中介，即清楚明白、毫无矛盾、一望而知的所谓“天赋观念”，如“等量加等量其和相等”这样的几何学公理、“我思故我在”这样的观念，在他看来这观念必然符合实际，简直就等于实际，与它相符就都等于与实际相符，因此，用它来衡量一切知识再合适不过了。笛卡尔并不拒绝感性认识，他是科学家，需要观察对象，进行科学探索和实验。他只是觉得感性经验有片面性，不可靠，人们常常会被自己的感觉经验所蒙蔽，如同原本的一根直棍插入水中看上去就像折断似的这样的感觉经验便是如此。单靠感觉无法察觉这类骗局，也无法得到普遍的科学真理。为此不能停留在感觉经验上必须更进一步，通过理性的认识才能获得普遍的、必然的真理。所以笛卡尔坚信，凡属理性清楚明白认识到的就是真理。

康德（Immanuel Kant，1724—1804 德）——人为自然立法

康德是笛卡儿之后的又一座思想的高峰，或者说是又一个思想的重大源泉。1780年到1790年的十年间是这位哲学家的鼎盛时期，他的三大批判著作，即《纯粹理性批判》、《实践理性批判》、《判断力批判》陆续问世。在《纯粹理性批判》一书中，康德摧毁了所有关于上帝存在的纯属理性上的证明，认为人类理性能力是有限的，根本不可能达到对上帝的认识。但转而在《实践理性批判》一书表明上帝的理念只与道德意识相关联，其重要意义是实践上的。他认为承认上帝的信仰是因为人类在主观道德上需要这样的信仰，实践的需要比理性的

沉思更重要。

康德的“物自体”学说确认了理性的局限即理性只能用于认识现象，而没有能力证明上帝存在，但他认为理论上不能证明不等于丧失了意义。隔断了人类的理性与上帝的联系，其根本意义在于为人类信仰上帝留下地盘。他说道：“故我发见其为信仰留余地，则必须否定知识。”①

在康德看来，传统的那种用人的主观思维去符合客观世界，从而得到关于世界的真正认识的认识论思路，在休谟的不可知论中已经走到了尽头。于是，康德将这种传统的思路颠倒了过来，提出认识的过程不仅是主观去符合客观的过程，同时也是客观去符合主观的过程。这如同哥白尼日心说，哥白尼之前的地心说，认为地球是宇宙的中心，太阳围绕着地球转；哥白尼的“日心说”则反转过来，让太阳成为宇宙的中心，一切都围绕着太阳转。同样在康德之前，认识论的思路是认识的主体围着认识的客体转，而康德则让客体围着主体转，故他的这种理论在哲学史上被称作“哥白尼式的革命”不足为怪。

康德认为外部世界及物体是存在的，但我们仅仅知道其存在却无法知道得再多、再确切。人本身就具有先天的认识能力，在认识对象时，是凭借先天的认识能力，如头脑中所固有的时间感、空间感的主观形式来接受对象的，因此，我们所认识的对象就会是经过了这种主观形式“整理”后呈现于我们的。至于对象本身，即康德所说的那个“物自体”（不掺入任何主观形式的纯粹的客观世界）原本是怎样的，我们无从知道。我们一要认识对象就必须凭借我们头脑中的时间感和空间

① 康德：《纯粹理性批判》，蓝公武译，商务印书馆，1960年，第21页。

感，它们是人类感性自身固有的形式，不属于对象本身，我们无法抛开它们去认识对象。所以，我们认识的只能是经过主观的感性形式整理过了的物自体的样子，即物自体在我们眼中（仅仅是我们眼中，不是其他什么的眼中）的样子，也即康德所称的“现象”。至于离开了我们的感官它到底是什么样子，我们永远无从知晓。所以，人只能认识现象，无法认识物自体。

正像感性自身具有空间感、时间感形式一样，人的另一种认识能力—知性，也具有自身的形式：纯概念，康德称之为“范畴”，共有因果性、必然性等十二个，它们也是先天的，具有必然性和普遍性。人们用这些范畴整理那些互不联系的感觉材料就形成了具有一定条理的知识。感性的作用是接受对象，知性的作用是思想对象，它们都会能动地整理或构成对象。正是在这种意义上，康德说：“人为自然立法”。也就是说，自然本身无所谓秩序或规律，是人用自己的先天认识能力（如范畴之间普遍必然的联系）将其安排、整理后才在人面前显现出有了“规律”。因此，事物之间普遍必然的联系其实就是范畴之间普遍必然的联系。

在康德看来，“上帝”就好比那个“物自体”，是人类有限的理性永远无法企及的，但对上帝的信仰乃源于我们道德情感及道德目的的需要。

康德以先验唯心论的主体能动性、理性的主动性肯定了人在认识中的主体性地位及能动作用，提高了理性的地位，正是人的这种地位，使得传统的神在认识论领域被驱逐了，这在康德所处的启蒙时代有着巨大的意义，是启蒙思想推崇人类理性的进一步深入。

黑格尔（Georg Wilhelm Friedrich Hegel，1770-1831 德）

黑格尔是有史以来最伟大的形而上学家，是德国古典哲学的集大成者。古典哲学中的理性主义将自己哲学的根据建立在宇宙的合理性上，用黑格尔的话说就是让理性统治世界。秉承这样的理念，黑格尔以其卓越的才能将康德开始的德国古典哲学中的唯心主义发展到了顶峰，创立了有史以来最庞大的客观唯心主义哲学体系，实现了自亚里士多德以来的哲学家们让形而上学成为科学之科学的最高理想，但同时也使走过了两千多年之路的形而上学走到了尽头。这应了“物极必反”的说法。

黑格尔认为：“绝对观念”是宇宙之源，万物之本。世界的运动变化乃是“绝对观念”自我发展的结果，他哲学的任务和目的，乃至以此建立起来的庞大客观唯心主义的体系就是要展示通过自然、社会和思维体现出来的绝对精神，揭示绝对精神的发展过程及其规律性，简言之，就是要揭示“绝对观念”的辩证发展过程。

在黑格尔看来，“绝对观念”自我发展经历了三个阶段：逻辑阶段、自然阶段、精神阶段。“逻辑阶段”绝对观念仅作为纯粹抽象的概念、范畴而存在着，它的发展只表现为在纯粹抽象的概念、范畴间的相互转化和推移，直至在这个阶段的最后，“绝对观念”否定自身，突破纯粹思维的范围而向着相反的方向发展外化为自然界，到达于自然阶段。“自然阶段”讨论的是绝对观念的外在表现，即自然界的一切变化和发展，都是隐藏在背后的“绝对观念”的变化和发展的表现，自然界发展到最后人的出现则表明“绝对观念”已经超出了自然阶段进入了精神阶段。“精神阶段”讨论的是“绝对观念”通过人类精神最终回复到自身，但这是在更高阶段上的回复，此时它已经把自己的全部丰富性都表现出来了，并完全自觉地认识到了自身。哲学就是“绝对观念”认识自己的最高形式。

总之，绝对观念从逻辑学出发，经过了自然哲学，达到精神哲学，并最后在哲学中回到了家，自己认识了自己，认识到自己的对方原来不过是自己，实现了思维与存在的绝对同一。黑格尔在论述每一个概念、事物和整个体系的发展中自始至终都贯彻了辩证法的原则。

黑格尔的辩证法最主要的是关于联系和发展的观点，是关于事物自身的矛盾运动的思想。黑格尔把宇宙看成一个运动、变化、发展的有机整体。他认为真理存在于现实事物的总和与相互关系之中，存在于对立面统一之中，因而是全面的、具体的，任何事物如果绝对地孤立起来就毫无意义。同时真理也是一个矛盾的发展过程。他指出，任何事物都不是固定不变的，而是互相转化和运动发展的，都是一个过程。一切事物都包含矛盾，矛盾是事物发展的动力和源泉，是一种无法抵抗的力量，在矛盾面前，无论表面看上去多么坚固的东西，都会被撼动。

正像恩格斯曾经指出的那样：“黑格尔第一次——这是他的巨大功绩——把整个自然的、历史的和精神的世界描写为一个过程，即把它描写为处在不断的运动、变化、转变和发展中，并企图揭示这种运动和发展的内在联系。”①

虽然黑格尔不是从事物本身出发而是从自己的思辨方法出发来说明和解释事物，是概念的辩证法，是头脚倒立的唯心辩证法，但是他在概念的辩证法中不自觉地反映了客观事物本身的辩证法。

---

① 《马克思恩格斯选集》第 3 卷，第 420 页。

黑格尔批判了康德那种在“自在之物”与现象之间有着不可逾越的鸿沟，自在之物不可知的观点，主张思维同存在是同一的。在他看来，既然客观存在是绝对观念的产物、绝对观念的表现或现象，那么思维规律就是客观存在的规律，通过现象就可以认识其本质，即认识绝对观念。黑格尔天才地猜测到了思维规律和客观规律的一致性。他虽颠倒了客观规律与思维规律的关系，但却承认了思维规律和现实规律的同一性。列宁在《黑格尔逻辑学一书摘要》中指出：“黑格尔确实证明了：逻辑形式和逻辑规律不是空洞的外壳，而是客观世界的反映。更正确些说，不是证明了，而是天才地猜测到了。”① 就此，黑格尔取消了康德的“自在之物”，取消了思想意识以外独立存在的客观物质世界，也当然地破除了康德关于理性认识“物自体”的禁区。思维与存在是同一的，人类的理性借助于辩证法可以获得无穷的力量，如此，世界上的一切都可以在人类不断认知的过程中加以把握，即便是绝对精神、上帝也如是。在黑格尔那里，似乎不再有什么是理性无法企及的了。正如《西方哲学死了》一书的作者黎鸣所言，康德曾用“物自体”、“不可知”的形式武断地捍卫了上帝在人们心中的永恒存在，承认了作为道德情感象征的上帝的不容怀疑的绝对性。到了黑格尔手里，被用无限趋近的人类知识相对化了，上帝也就在这种被无限趋近的过程中逐渐丧失了自己的“绝对”。黑格尔借上帝之名让理性主宰世界，让理性包揽一切权力、一切人类生活，经过黑格尔的哲学体系，人类的理性达到了空前的狂妄。

① 《列宁全集》第38卷，第192页。

（二）非理性主义凸显，形而上学遭拒斥

在黑格尔之后，哲学进入了一个需要再寻新角度、新问题、新方法的阶段。现代西方哲学应运而生了。西方哲学中出现了越来越大的反对传统哲学，特别是反对从笛卡尔到黑格尔的思辨形而上学的浪潮。这是由传统哲学向现代西方哲学“转型”的开始。最能体现出“转型”倾向的，当推以孔德、穆勒、斯宾塞为代表的实证主义和以叔本华、克尔凯郭尔为代表的非理性主义。这两种思潮都产生于十九世纪早期，十九世纪中期以后广为流行。实证主义反对作为世界观意义的形而上学，强调哲学应以自然科学为基础和典范，追求知识的可靠性和确定性。实证主义开创了现代西方哲学中的科学主义思潮。非理性主义并不笼统地排斥对世界观的研究，但认为应当超越理性形而上学的独断论倾向，突破以二元分立为出发点的认识论界限，转向人的生命、意志、本能等非理性的一面，由此重新领悟宇宙、人生的意义。非理性主义开创了现代西方哲学中的人本主义思潮。由于这两种哲学思潮分别从不同方面典型地体现了现代西方哲学的一些基本倾向，因此它们在十九世纪中期的初步形成，标志着西方哲学开始转向一个与传统哲学有重大差别的新阶段，即现代西方哲学阶段。

一百多年来，现代西方哲学的历史演变可以从不同角度做出划分。从哲学思维方式的转型过程看，十九世纪中期至二十世纪初是其过渡期，二十世纪上半期是其正式形成期，二十世纪下半期至今是其批判反思期。

十九世纪中期到二十世纪初的现代西方哲学具有新旧混杂等特征。哲学家们一只脚迈向了现代，另一只脚仍站在近代

的门槛上。如他们大都反对实体性形而上学，并在不同程度上肯定哲学应当以人及其活动所及的世界为出发点，但是他们往往又以另外的形式构建同样脱离现实的形而上学，而他们对人及其世界的解释最终还是倒向了唯心主义。开创了科学主义思潮的实证主义哲学家把反对“形而上学”当作其哲学的出发点，然而却又把实证方法绝对化，将其推及一切研究领域，由此建构出无所不包的实证哲学体系，实际上是以另一种形式恢复了“形而上学”。作为人本主义思潮先驱的叔本华、尼采等则对理性派形而上学大加鞭挞，但他们又都把非理性的“意志”当作世界的基础，因而是以非理性的“形而上学”取代了近代哲学的理性“形而上学”。

总的看来，黑格尔之后的西方哲学，伴随着这一阶段西方社会政治、经济等方面的危机与困境，走的是一条充满曲折与坎坷的发展道路。哲学上的曲折与反复固然有着物质层面的根本原因，另方面作为“时代精神的精华”，其发展与演化也遵循着“思想自己构成自己的逻辑”。

三、转折点——叔本华、尼采的唯意志论哲学

（一）叔本华的生存意志论

叔本华

主要著作：《作为意志和表象的世界》

阿瑟 ·叔本华（Arthur Schopenhauer，1788-1860）是德国唯意志主义和悲观主义的代表。唯意志主义一般是指以意志作为世界的本原和基础，并主张意志

高于理智，而悲观主义通常是指对生活持悲观厌世态度的人生哲学。按说二者不仅没有必然的联系，而且常常是不相容的，但在叔本华那里却结合在了一起。如果离开他的个人生活经历，这种结合是难以理解的。

叔本华出生于一个富商家庭。他的父亲是一个有着“自由精神”和“世界主义”情怀的商人，母亲是个颇有文学才华的小说家。父亲为了将小叔本华培养成一个有世界眼光的大商人，不仅给小叔本华取名阿瑟（ARTHUR），据说这个名字不仅在德、法、英流行，而且连拼写都一样，而且在他十几岁时就带他游历了欧洲许多地方，像比利时、法国、瑞士、奥地利和英国等，希望他以此可以获得经商所必需的经历以便日后能成为自己的接班人。然而，叔本华却对经商没多大兴趣，勉强从之。1805 年父亲因生意受挫而轻生。父亲的死对深爱父亲的叔本华来说是一个强烈的打击，使叔本华觉得人生可悲并由此迁怒于母亲，认为她只管忙于自己的文艺沙龙，频频出入于宴会交际，不肯照顾父亲和家人，致使父亲不能挺过难关而轻生，为此也埋下了他与母亲不和的种子。另一方面，父亲的离世让叔本华继承了一大笔遗产，使之有机会做他最喜欢做的事——转向哲学。在学哲学之前，他想尽可能地拓宽视野，多了解一些其他方面的知识。于是，1809 年叔本华进入哥廷根大学学习医学，后来才又转到柏林大学学习哲学。他父亲的自由意识和世界主义精神无疑深深地影响了叔本华的唯意志主义，当然，他也继承了母亲的文学才华。

叔本华那颇具才华的作家母亲向来与他那单调务实的商人父亲不和，父亲死后，母亲开始了自由的爱情生活。母亲的生活方式与生性孤僻的叔本华水火难容，这在母亲给他的信中得到了印证："你使人不堪忍受，令人生厌，很难与你一起生活；你的优点全被你不能克制对别人吹毛求疵的嗜好而变得一文不值。"[①] 1813 年，当叔本华将他的博士论文《充足理由律的四重根》（叔本华认为充足理由律的四种不同表现形式即"四重根"分别是：因果律，逻辑推论，数学证明，行为动机。）送给母亲时，这位母亲讥讽挖苦说，它很像一本给药剂师看的。据说在一次激烈的争吵后叔本华与母亲彻底决裂，此后有 24 年再也没见一面。哲学家罗素认为，叔本华学说中对女性的轻视很大程度上来自于他和母亲的这种关系。同样同母亲糟糕的关系、母爱的缺乏对叔本华悲观厌世、生性乖僻多疑产生了不小影响。他时时处处提防着别人对他图财害命。他只住底层，以便一有危险拔腿可逃。据说无论何时有信到来，他首先想到的就是有灾难来临。另外，他决不会放心把自己的头放心地交给手执剃刀的理发师。

叔本华的主要著作是《作为意志与表象的世界》，于 1818 年出版。他对该书十分自负，在给出版商的信中放言：它"是一种新的哲学体系，不是对已有东西的新表述，而是最高度地结合在一起的，一系列迄今还无人想到过的思想"。但使他失望的是出版后少人问津，一年半中只销售了不到一百部。其实，这在当时还是理性主义占统治地位、黑格尔哲学大行其道的哲学领域并不奇怪，但无论如何，这部著作为后来的非理性主义奠定了基石，并对他一生的事业关系重大。他说："我活着就是为了撰写这部著作，也就是说，我活在世上，所企求和所能奉献的百分之九十九都已完成了，其余的只是些次要的

---

① 【美】威尔·杜兰特《哲学的故事》，朱安 等译，文化艺术出版社，1991 年，第 309 页。

东西，我的生命和命运也是如此”。[①] 1819 年，他作了柏林大学的无俸讲师，竟自负地要求把自己的课与当时声望显赫的黑格尔的课排在同一时间，可想而知他面对的常常是空荡荡的教室，最后不得不凄凉地离开柏林大学。为此，他心情压抑，有时几个星期也不和人讲一句话。1853 年后，当叔本华在垂暮之年看到了自己的著作终于赢得了赞誉时，感到无限欣慰。1859 年，即他去世的前一年，《作为意志和表象的世界》第三版受到了空前的关注和欢迎，为此他致信友人道：“我的著作大受欢迎，犹如火山爆发，全欧洲都知道这本书，…许多年后我的声望一定更高……”“在我一生的残年，既看到了自己的影响开始发动，同时又怀着我的影响将合乎‘流传久远和发迹迟晚成正比’这一古老规律的希望，我已心满意足了。”[②]

他终身未婚，孑然一身，没有朋友，没有亲人，晚年只有一只被他叫作“世界灵魂”的褐色卷毛狗陪伴他身边，爱恶作剧的人们叫它“小叔本华”。

1. 生存意志论

世界是什么？世界是我的表象，即世界就是它对我们显现出来的那个样子。表象，即显现给我们样子，我们眼中的样子。他说：“不认识什么太阳、什么地球，而永远只是手，是手感触的地球”[③]。“对于‘认识’而存在的一切，也就是全世

---

① 转引自《叔本华—精神和感性》，卡尔·皮查著，慕尼黑威廉·海尼出版社，1978 年，第 308 页。

② 叔本华《作为意志和表象的世界》石冲白译，商务印书馆，1982 年，第 23 页。

③ 叔本华《作为意志和表象的世界》［M］石冲白译，商务印书馆，1982 年，第 28 页.

界，都是和主体相关联着的客体，直观者的直观；一句话，都只是表象……一切一切，凡已属于和能属于这个世界的一切，都无可避免地带有以主体为条件的（性质），并且也仅仅是为主体而存在。”[①] 这就是说，世界并不是独立于我们存在的自在之物，它只是我们的表象。

那么又是什么决定和支配着这个表象世界？是意志。叔本华认为，以往哲学家们几乎都认为思维和意识是心灵的实质，故人是理性的动物。其实这是天大的原始误解。叔本华力图解决康德哲学留下的难题并坚信自己实际上已经解决了这一难题。和费希特、谢林、黑格尔等人取消康德物自体的做法不同，叔本华保留了它，并将其定义为意志。

叔本华认为，世界的本质是意志。世界上一切表象的存在都是由意志决定和生成的，是意志的客体化。在叔本华看来，意志的活动不是那种靠思考来进行的活动，意志只通过行为活动使自己现身，事实上它是一种非理性的欲求，应该被理解为是一种无法遏制的欲望和盲目的生命冲动——一种最大限度地延续生命的愿望，故可称其为生存意志。如同雄螳螂完成交配后甘愿被雌螳螂吃掉成为哺育后代的养料；人类的父母甘愿一辈子历经苦难、受尽折磨，也要为自己的孩子提供更好的生存机会、创造更好的生存条件……所有的行为都是这种盲目的冲动。意志不能被克服，我们每一行为都是意志的表现。

意志无处不在，无时不在，在任何一个物体身上：人身上、动物身上、植物身上，甚至无机物上都有。但在不同物体身上的表现，即意志的客体化程度有高低之分。人是生存意志

① 叔本华《作为意志和表象的世界》石冲白译，商务印书馆，1982年，第26页。

客体化的最高形式，是生存最完善的表象，动物次之，植物再次之，无机物则是生存意志客体化的最低形式。

进一步说，人的身体也是意志的产物，意志的客观化：吃的意志产生了嘴，消化的意志产生了胃，繁衍的意志产生了生殖器官，求知的意志产生了大脑，想要抓握的意志产生了手臂。总之，身体的每一部分都是意志的明确体现，身体与意志是相吻合的。因此，意志就是人的本质，它支配着人的一切行为，从人身上，我们更能够体会出生存意志的内涵。

叔本华认为，人看似是在智慧的引导下前行，实际上是被意志所驱使。意志永远优于理智，这在动物的行为中就已经表现得淋漓尽致了。一头大象即便跨越过数百座桥梁，也不会和不肯踏上一座结构单薄的桥梁——尽管他看到人们在桥上往来穿梭；在人身上这一点表现得则也更为显著。一个最愚蠢的人，当事情与他的切身利益、欲求息息相关时，他的悟性也会敏感起来。“当我们用理智和解释与一个人争辩时，最令人头疼的是最后发现他不愿理解你，我们必须在他的意志上做文章。”“在算账时出现的差错往往是对自己有利而不是相反，但这丝毫没有不诚实的动机”“看看人类为了食物、配偶和子女而进行的争斗吧；这能是思索的结果吗？当然不是，这是源于要生存并活得更充实的朦胧意志。”① 所以要说服某人去做某事，光靠给他逻辑推理是没大用的，重要的是要打动他的切身利益和欲求。

2. 悲剧的命运

叔本华认为，既然生存意志是人的本质，那么人的命运就

---

① 威尔·杜兰特（美）《哲学的故事》朱安 等译，文化艺术出版社，1991 年，第 317 页。

被这个本质决定了——是奋争和苦难的悲剧一生。生存意志从一个人呱呱坠地那一刻起，就会驱使着他一刻不停地去追逐、去奋争，去实现自己的欲望。因人的本质就是生存意志，人就是千百种欲求的凝结体，所以一个欲望满足后，新的欲望又生了出来，不夸张地说地讲，十个欲望又诞生了，十个欲望满足了，更多更多的欲望出现了，没有止境。人的一生中欲望实在太多，不可能都得到满足，能够被满足的欲望仅仅是一小部分。如此，从人生的总体或全局上看有太多的欲求不能如愿，故是悲哀的、苦痛的；能达成的欲求只是局部的、暂时的，故快乐和幸福如过眼烟云只在瞬间。总之，从局部和细节上看，人或许有一些快乐和幸福，但是从全局和总体来看，人永远面对的只是悲剧。这正如给一个乞丐面包，今天虽然维持了他的生命，但他的痛苦将由此而延长到明天。于是，叔本华从肯定生存意志转问了否定生存意志。

既然欲求永无止境，永远得不到满足，因而人就将永远处于挣扎与痛苦之中。世界上的一切争斗和邪恶都由此而生。生命的存在如同布满了暗礁和旋涡的海洋。为了满足不断更新的各种欲望，每个人都要使出自己的浑身气力，人的智慧生来就是为实现欲求服务的，是实现欲求的工具，它为欲求之路点灯照亮、清除障碍。

叔本华认为，人就一个是欲望的集合体，人生犹如一只钟摆，当欲望得不到满足时就会痛苦，一旦满足，短暂的快乐过后就是无聊，它永远在渴望的痛苦和满足的厌倦之间来回摆动。

面对人生不可避免的悲剧，人们有无可能通过努力来缓解以至消除它给我们带来的痛苦呢？在叔本华看来还是有的，主要是三个途径：

第1，进行哲学思考。哲学思考可以洗涤人的意志，使人在纯粹的认识活动中成为自由的主体。如同庄子的“逍遥游”一样，在纯粹的精神世界里心无旁骛地自由翱翔。

第2，从事艺术活动。叔本华认为，在审美的时候，个人不再是欲求的主体。

艺术家或欣赏者会暂时被审美对象深深吸引使我们暂时从意志的奴役下解放出来，摆脱了欲求对我们的控制，处在一种非欲求的状态，也可以说是一种无我无欲、物我两忘的状态中，进入无拘无束的和非功利的审美状态；此时“那永远寻求而永远不可得的安宁就会在转眼之间自动的光临，而我们也就得到十足的怡悦了”。[①] 但艺术活动也只是管得了一时管不了一世，在谈到音乐功能时，叔本华说，它“可以作为医治我们痛苦的万应仙丹。……但不是意志的清醒剂，不是把它永远解脱了，而只是在某些瞬间把他们从生活解脱一会儿……只是生命中一时的安慰。”[②]

第3，但要想达到永久的解脱就必须通过禁欲 ，舍弃一切欲求来摆脱意志的支配。叔本华认为，在这个意义上，佛教比基督教更深刻，因为佛教是凭顿悟直觉来把握事物真谛，并且通过泯灭欲望来彻底解脱人生的痛苦的，它从根上除去了造成痛苦的原因。

3. 悲观的人生

叔本华从生存意志出发，从人的非理性存在出发，给我们描绘了一幅极为冷酷和惨痛的人生画面。人类的意志是盲目的

---

① 《作为意志和表象的世界》，叔本华，商务印书馆，1983年，第274页。

② 《作为意志和表象的世界》，叔本华，商务印书馆，1983年，第370页。

它不存在任何目标，不过是痛苦和无聊、满足与厌倦的无休止的循环，为此叔本华采取了一种退缩的人生态度，形成了悲观的人生哲学。他的这一悲观主义情结如同一股潜流，对后来的许多人本主义哲学家产生了深刻的影响。似乎从他开始，人类自信心的动摇就成了现代人性理论中一种主导性的倾向。但另一方面，从卢梭到叔本华，经过 200 多年的内省，“哲学在思想后面发现了欲望、在理性后面发现了本能……”[①]

（二）尼采的权力意志论（强力意志论）

尼采（Friedrich Wilhelm Nietzsche　1844-1900 德国）

尼采

尼采是德国著名的哲学家，唯意志主义。他以其鲜明个性及尖锐的思想，对构成西方文化传统的多方面的价值和观念进行了清算和重估，在西方文化史上产生了广泛和深远的影响。

主要著作：《悲剧的诞生》（1872）、《不合时宜的思考》（1873）、《查拉图斯特拉如是说》（1883—1891）、《善恶的彼岸》（1886）、《道德的谱系》（1887）、《瓦格纳事件》（1888）、《偶像的黄昏》（1888）、《尼采反驳瓦格纳》（1888）、《人性的，太人性的》（1878）、《权力意志：论重新估价一切价值》（1889，死后由其妹整理出版）等。

1844 年 10 月 15 日，尼采出生于普鲁士萨克森勒肯镇。父

① 威尔·杜兰特《哲学的故事》朱安等译，文化艺术出版社，1991 年版，第 351 页。

亲是威廉四世的宫廷教师，他曾执教过四位公主，深得国王的信任。后来，又被国王指到勒肯镇担任牧师，尼采便出生于此。尼采五岁时父亲因病去世，之后他在家中女人们的呵护中成长，这使得他更多地具有女性特有的敏感气质。他小时候身体孱弱却聪慧过人，极具语言和音乐天赋。他很少与同龄人一起玩，而是以写作来消磨时光。1864 年，尼采以优异的成绩（宗教、德语、拉丁语出众；希腊语优秀；法语、历史、地理自然科学中等；数学较弱）毕业，进入波恩大学学习，次年转到莱比锡大学学习古典语文学，深得业师里奇尔的赏识。大学期间，尼采读到了叔本华的哲学著作《作为意志与表象的世界》，一下子就被吸引了。尼采接受了叔本华的唯意志主义哲学，并将它作为自己哲学思考的起点，但是之后他便把叔本华的生存意志改造成自己的权力意志。

“权力意志”不再悲观、遁世，而是高扬生命、积极奋争。“这种哲学给所有不满于自己现实处境的人开辟了一条‘悲剧’的，而不是‘悲观’的道路。”① 尼采说：“如果你是一个创造者，那你就属于自由者；如果你是一个接受种种方式的人，那你就是这种方式的奴隶和工具。”②

由于他在语文学方面的天赋，尼采 24 岁时就被赏识他的导师里奇尔推荐给巴塞尔大学而被聘为那里的副教授，一年后转为教授。导师里奇尔向巴塞尔大学的推荐：“39 年来，我亲眼看见了这么多的年轻人成长起来，但我还从未见到有一个年轻人像这位尼采一样如此早熟，而且这样年轻就已经如此成熟……如果上帝保佑他长寿，我可预言他将来会成为第一流的

① 《西方著名哲学家评传》第七卷，山东人民出版社，1985 年，第 370 页。
② 《尼采文集》第九卷，俄文版，第 12 页。

德国语言学家。他今年 24 岁，体格健壮，精力充沛，身体健康，身心都很顽强……他是莱比锡这里整个青年语言学家圈子里的宠儿……您会说，我这是在描述某种奇迹，是的，他也就是个奇迹，同时既可爱又谦虚。”里奇尔是第一个向世间预言尼采是位天才的人。

1872 年，尼采发表了他的第一部重要著作《悲剧的诞生》。此后，尼采的健康状况也每况愈下，不得不于 1879 年向校方提出辞呈。从此以后，尼采在瑞士、意大利等地漫游、疗养。这段时间是尼采创作的高峰期，他的主要著作大都在这时写成，但已开始出现精神分裂的征兆。从此尼采就和精神病院结下了不解之缘，尽管也几进几出，直到他 1900 年去世，始终没有真正康复。

1. 权力意志

尼采将叔本华的“生存意志”改造成他的“权力意志”。他认为：“最高最强的生命意志并不表现在可怜的生存竞争当中，而是表现在作战意志当中，表现在权力和优势的意志当中。”① “在这充满了摩擦、战斗、和解、接近、互相规定也互相支持的世界里，人唯一的出路就是勇猛顽强地战斗下去，在战斗中求得胜利、求得生存、求得健全、求得超越。”②因此，人的本质不在于人的理性，而在于生命的冲动、生命的创造；在于不断自我表现、自我创造、自我扩张的生命过程。这就是“权力意志”—— 一种求强大力量的意志。“权力”在这里是广义的，是指一种具有征服、掌控和支配作用的强大力量。

① 弗斯特·尼采《尼采的青年时代》英译本伦敦版，第 235 页。

② 《西方著名哲学家评传》第七卷，山东人民出版社，1985 年，第 385 页 。

在尼采眼里，叔本华的伟大之处在于他率先揭示了生存意志的本体论意义，在于他真实描绘了悲剧人生的全部画面。有着同传统思辨哲学、虚假的乐观哲学不可比拟的真实。但尼采又不能接受叔本华对生存意志的否定解释及其悲观的人生哲学，他要为这悲观的人生创造出意义来。他不仅仅要关注生命，更要弘扬生命；不仅仅是承认人生的悲剧性，更要超越人生的悲剧性。针对基督的禁欲主义及 19 世纪以来盛行的功利主义而造成的“精神荒漠”，针对现代人精神与肉体的普遍萎缩，尼采极力提倡体现于古希腊悲剧中的“酒神精神”，以强调在生命的狂放沉醉中超越人生的悲剧：“悲剧快感表明了强有力的时代和性格……这是英雄的灵魂，它们在悲剧的残酷中自我肯定，坚强得足以把苦难当作快乐来感受。”①

“日神”和“酒神”是尼采《悲剧的诞生》一书中十分重要的思想。日神是美的外观的象征，酒神则象征着情绪的放纵，它们分别被尼采比喻为“梦”和“醉”的状态。二者都根植于人的至深本能。共同形成了古希腊艺术的理想。

日神阿波罗（Apollo）代表着光明、美丽、梦幻、安然，是绘画雕刻史诗之神。日神精神是建立在我们的视觉之上的，它沉溺于梦幻带来的外表的美丽即形式之美，这是一切造型艺术的特点。日神精神让人不去追究世界和人生的真相，而用艺术的“谎言”掩盖某些可怕的真相，用美的面纱遮盖人生的悲剧面目。对它而言，就算人生是个梦，也要有滋有味地做这个梦，不要醒来，要去享受梦的美幻和乐趣。

酒神狄奥尼索斯（Dionysus）则代表着原始生命力的冲动

① 《悲剧的诞生》—尼采美学文选［M］周国平译，三联书店，1986 第 383 页

和欲仙欲死的激情，是音乐歌舞和戏剧之神。它要破除外观的幻觉，直面人生的苦难。在酒神精神中，人性至深处最强烈的生命感受及最充溢的生命本能得以实现。

酒神精神不回避人生是一场悲剧的现实：人生是一场悲剧，那就让我们轰轰烈烈地演这出悲剧，只有在生命痛苦乃至毁灭的悲壮中我们才能领会到生命的伟大和骄傲，体会出人生的真正意蕴。生命的极致可谓“笑一切悲剧”。可见，尼采从这种对生命意义的思考中得出了一个使悲苦的世界变得“明亮”的观点：世界的本质是意志，但不是求“生命”的意志，而是求“权力”的意志，权力意志所追求的不是简单地保存生命，而是发展和扩充生命，直至超越叫生命。

尼采曾经与大音乐家瓦格纳（Wilhelm Richard Wagner 1813—1883 德国作曲家）成为很好的朋友，他十分推崇瓦格纳早期音乐，认为它非常符合自己的哲学理想，表现出了一种与权力意志相一致的“酒神精神”，他说：“强力已从日耳曼精神的狄奥尼索斯的根基中崛起，它和苏格拉底文化的原始状况大异其趣，……这就是德国的音乐。它运行在从巴赫到贝多芬，从贝多芬到瓦格纳的巨大太阳轨道上。”[①]并认为：“瓦格纳用一种认识之光来照耀现在和以往的人生，它照亮得足以使人看清那些陌生的角落……把原先互不相容的事物凝聚为一体。……在两个似乎漠不相干地处在不同领域的事物之间发现了联系：在音乐和人生之间，以及在音乐和戏剧之间。”[②] 但后来不久，两人关系破裂，原因是尼采接受不了瓦格纳的音乐

① 尼采：《悲剧的诞生》第 150 页。

② 《悲剧的诞生》—尼采美学文选［M］周国平译，三联书店，1986 第 383 页。

风格转为颂扬基督教道德，称瓦格纳“突然在圣十字架前跌倒了”。[①] 之后，1878 年，在他的《人性的，太人性的》一书中，尼采对瓦格纳作了总体的批判。

2. 重估一切价值

权力意志要通过自我创造求得到生命的充实，让生命充满动感和力感。它强调充分释放自己的生命能量，尽情地创造生命，尽情地享受生命。

当尼采看到传统的道德观念压抑生命和制约创造的时候，他禁不住高呼：重估一切价值。他说：“ 一切价值的重估——这就是我关于人类最高自我认识行为的公式，它已成为我心中的天才和血肉。”[②] 他以时代叛逆者自居，主张“用铁锤从事哲学”，“反对偶像”，对西方一千多年来基督教的文化传统进行清算，且认为是时候了，因为“上帝死了”。

尼采认为，欧洲传统文明及道德观念都是基督教观念统治的结果，随着科学的进步，基督教的上帝观念已经失去了其存在的基础，

人们的基督教信仰也逐渐解体，同时尼采还看到了伴随而来的整个洲文化传统的大崩溃。他以极尖锐的方式将这总崩溃概括为“上帝死了”。

“上帝”在这里一是指基督教的上帝，同时还意指与上帝相当的任何事物，如传统哲学中理性主义执意追求的那个形而上学的超感性世界，它同基督教的上帝一样，限制和扼杀了个

---

① 尼采：《瓦格纳事件》英译本纽约版，第 373 页。

② 尼采：《瞧，这个人》，《尼采选集》第 2 卷 ，第 475 页。

人独特的非理性的生命和本能。所以“上帝死了”实际上意指以上帝或绝对理性概念为基础的基督教和理性主义的形而上学哲学的终结。这一终结意味着在整个欧洲思想史上照亮一切的“光源”没有了。既然这样最高的永恒领域没有了，那么我们就必须接受这一事实所带来的一切后果。即“上帝”在的时候，人要听命于上帝，接受并执行着来自上帝的各种旨意，判断是非善恶美丑的标准也都源自于上帝。如今没有了上帝，人就要自己为自己颁布法律，自己来设定是非善恶美丑的标准，因此首先就要对以往传统的一切价值重作评估。

在尼采看来，传统的道德观念，尤其是基督教的道德观念将怜悯、同情、仁慈、宽恕、博爱视为美德，把生命的欲望和激情视为罪恶，千方百计地压制和摧残生命的本能，结果使人变得懦弱、伪善、守旧和消沉，实际上是扼杀了个人的生命力和个性自由及创造性。人们在上帝面前，只有服从而没有创造，人只有道德而没有生命。这样的道德违背了自然，阉割了人性。对此他发出呐喊：“我向贫血的基督教理想宣了战（也包括它的近亲），我的用意不在于消灭它，而是要了结它的专横统治，为新的理想，一种更加粗野的理想赢得地盘。”为权力意志的张扬而战，为生命本能的充分释放而战，把人们从旧哲学和基督教道德的愚弄中，从软弱、退化的境况下解脱出来，重新确立判断是非、善恶、美丑的价值标准。标准就是生命本身，就是权力意志。凡是对生命活力有增强作用的就是善的，给予保留，凡有削弱作用的就是恶的，应加以贬斥和抛弃。尼采反基督教的主旨就是要反对它的颓废，反对它对生命本能的敌视、憎恨和欺骗本性以及它的禁欲主义道德。

对于科学，尼采认为传统的科学以为它们的解释就是事物本来的样子，将自己的虚构硬加在现实上，但实际上知识只是一个解释并不是客观世界的摹本。但在现代，科学更是把自己本末倒置地置于宗教的地位，成为一种新的信仰。尼采敏锐地感到盲目崇拜科学的危险，他警告人们当心俄狄浦斯的命运："解开了自然之谜的人，必定是杀父取母、瓦解了神圣的自然秩序的人。是的，神话看来向我们透露出，智慧是个违背自然的残酷现象，那靠自己的知识将自然推入深渊的人，自己也要体会自然瓦解的过程。今天地球上日益加深的生态危机，使我们觉得尼采的这个警告未必是危言耸听。"

在对传统道德作了颠覆性、否定性的重估后，尼采提出了他心仪的"新神"——"超人"。

"一切天神皆已死去；上帝已死，如今我们希望超人长生。"[①] 超人是尼采心中人的理想和目标。

既然上帝死了，人被事先造就和事先定型的信念也就破灭了。从这个意义上讲，人只是一个"尚未定型的动物"，是个不断生成和不断超越的生命个体。在人的身上，根本不存在什么先天和超验的普遍规定，除了人身上的生命力量之外，不再有任何一种可以主宰人类的力量。人必须面对自己，必须成为独一无二的人、无可比拟的人、自颁法律的人、自我创造的人。

超人蔑视一切传统的道德观念，他只听从生命和权力意志的召唤，他既具有坚强的意志和独立的人格又有强大的生命力和高昂的激情，他不断地超越自我，在他身上权力意志和酒神精神得到了最充分展现。

---

① 尼采：《苏鲁支语录》商务印书馆 1992 年，第 76 页。

尼采之所以抨击现代文明，原因在于他认为现代文明导致了人的肉体和精神的双重衰退。现存的道德价值是使人无法真正成为自己的最大障碍。机械工业文明的不断发展，再加上商业性社会的功利价值取向，使得现代人的思想和行为走向了整齐划一。在理性主义传统下的现代人（尼采称之为“末人”）正日益丧失其原始的生命力，而基督教传统则使人失去了自我，人变得唯唯诺诺、人云亦云。他们不再有强壮的生命力量，也不再有创造生命的冲动。

在尼采看来，人生是一个自我征战的过程，今日自我向昨日的自我挑战，不断地从自己身上抛弃将要死灭的东西；生命的意义：把自己　“从庸俗和动物性中提升出来”，并且“不断地超越自己”，更新自己。人生犹如登高，拾阶而上，每一步路都是脚踏实地的，“把自己建立在高处”，如大柱般的坚实。

生命至上，自我至上，创造至上，一直是尼采的人生信条。

尼采认为“‘理性’就是埋葬生命的危险的暴力！”[①]于是他建立了一个以本能和力量为核心的人性标准。在他看来，生命力的强弱乃是衡量人之善恶及高低贵贱的准则。他说：“什么是善？凡是增强我们人类力量的东西，强力意志及本身都是善；什么是恶？凡是来自柔弱的东西都是恶；什么是幸福？幸福是一种力量增长和阻力被克服的感觉。”[②] 因此，人应该热爱生命而不是轻视生命；应该崇尚力量而不是压制力量；人应

---

① 尼采：《看那这人/尼采自述》，张念东，凌素心译，第50—51页。

② 尼采：《上帝之死·反基督》，刘崎译，台湾志文出版社，1996年，第61页。

该拥抱激情而不是躲避激情。但另一方面也必须看到，尼采的超人奉行的是他所谓的主人的、贵族的或上等人的道德，它信奉弱肉强食，鼓吹用暴力来征服和维护强者对弱者的统治，认为为了实现自己的理想可以向群众宣战，心安理得地去接受大量群众的牺牲。这种观点后来被德国法西斯所利用也并非偶然。

从叔本华和尼采开始，西万哲学中的人性观发生了根本的变化，哲学家们逐渐转换自己的视角，对于过去遭到排斥和贬低的生命本能有了重新的认识。作为生命个体的人，作为非理性存在的人，开始被哲学家们所接纳，并且得到了深入的思考。尽管这种思考在叔本华所处的那个年代还没有彰显出来，但是自进入20世纪以来这种思考就造出了声势，并且逐渐成为现代人性论中的主导思想。

尼采在世时几乎默默无闻。但他对于自己死后的声誉却是非常自信的。他说，我的时代还没有到来。总有一天我会如愿以偿。这将是很远的一天，我不能亲自看到了。那时候，人们会打开我的书，我会有读者。我应该为他们写作。

尼采对后世的影响，与他所引起的争议一样，都是巨大的。他的哲学完成了德国古典哲学从理性主义向现代非理性主义的过渡，为生命哲学、实证主义、现象学、存在主义、弗洛伊德主义、历史哲学等现代西方主要哲学流派提供了思想起点和重要启发，而且在西方现代思想史上，他率先把文学艺术引进哲学，创造了一种可以称作“文艺哲学”的意识形式，尼采也因此被称为“文艺性的哲学家”。[①]

① 见邵一山吾：石破天惊的呐喊：“反理性”——作为反传统和现代思潮的一个源头的卢梭

（三）叔本华、尼采的艺术观及其对现代主义艺术的影响

在谈到艺术时，叔本华有意将艺术与科学对比并对立起来。他认为，科学靠才能，它是以抽象思维、理性概念为工具，靠的是积累和推理，所认识的仅限于现象界；艺术则需天才，它是诉诸直观、审美的静观的，靠直觉和表现直接认识意志的客观化（万物），它的认识方式本质上是非理性的、神秘的，而能够达到这种审美的静观、达到神秘境界的只有少数天才、艺术家。天才所使用的认识方法和常人完全不同，是和理性认识背道而驰的。在天才身上总是缺乏理性知识，因为他只要直观知识就够了，“天才的本质在于直观知识的完满和能力”。他说，人们都知道，伟大的天才难得和理智结合在一起，相反地，天才的个人往往服从于狂暴的情绪和非理性的激情。”所以你问艺术家是什么？答曰：“艺术家是疯人院里的天才，象牙塔里的狂人。”① 天才和疯狂是毗连在一起的，并且往往互相转化，例如诗的灵感就是一种疯狂，及贺拉斯所说的“可爱的疯狂”。天才和疯子的相似点就在于：他们都抛开了关于事物的关系的知识，而直观事物本身。总之，叔本华这种艺术属于非理性活动的看法，很大程度上影响着后来的现代派艺术。

许多现代主义的艺术家受叔本华上述观点的影响，将自己的创作建立在对直觉、梦幻的信仰上，其创作出的作品具有浓重的神秘梦幻的特点。如表现主义画家崇拜直觉，视直觉为认识世

① 《艺苑谈美》陈望衡著 重庆出版社，1985 年。

界的方法。他们把现实与梦境结合起来，其绘画的构图便是在梦境或幻觉状态中体验到的人物形象。再像超现实主义画家达利说：“应该像个狂人那样去作画，让作品从幻觉中涌现出来。”

再有，叔本华悲观主义的人生哲学，对现代主义艺术的影响也是显而易见的，它影响整个现代主义艺术都被一种悲观幻灭的情绪所笼罩，象存在主义文学家加缪的：“二十世纪是恐惧的世纪。”象表现主义画家迈德纳尔：“日日夜，我画我的忧愁，世界末日，骷髅……因为世界早已在我的笔下投下了咆哮不安的阴影……我运用了大量的黑色和黄褐色的颜料。”在这些艺术家的作品中，你看到更多的是残垣断壁、枯枝烂树、白骨骷髅，是敌对人的世界，是被扭曲的心灵和痛苦的挣扎，有如挪威画家蒙克在那幅《呐喊》中被极度恐惧和绝望彻底征服了的扭曲面孔。

至于尼采则是站在人生意义的角度上来理解艺术。“艺术是生命的本来使命，艺术是生命的形而上活动。”[①] 在他看来艺术拯救人生，只有用艺术的眼光去看待周围才会发现人生是值得一过的。因此，生命即使是痛苦的，但要笑着活下去。“我们的最高尊严就在作为艺术活动的价值中—因为只有作为审美现象，人生和世界才是有充足理由的。”[②] 艺术的出现缘于人生存的需要，虽然艺术多为幻想甚至蒙骗而非真理，但它比真实更值得推崇，因为没有艺术的陪伴人将难以在苦难和艰难中度日，艺术的狂欢使人得以忘我，达到超越人生困境和救赎人生的目的。

---

① 尼采《悲剧的诞生》[M] 周国平译，生活·读书·新知三联书店，1996，第 387 页。

② 同上 第 21 页。

针对生命的悲剧性，尼采开出了“为人生而艺术”的药方。他认识到生存充满苦难，但并未由此而否定生命的意义悲观厌世。他肯定人生的悲剧性不可改变，主张笑对悲剧性的命运，通过艺术的审美观来提升人的生命强力克服人生的悲剧性。

尼采从形而上的高度，从生命存在的本质、人和世界的关系来认识与理解艺术的本质和价值。

尼采把艺术分为造型艺术和抒情艺术并用日神和酒神来象征这两种艺术精神。日神使人如在梦中，享受着事物的完美的外观。酒神使人的强力意志的创造力得到勃发，享受着战胜一切苦难的欢乐。

现代主义艺术作为近一百年来最具反叛精神的时代产物之一，几乎推翻了以往长久以来人们关于艺术的传统概念，艺术家们的状态也更接近酒神精神，体现在作品中，追求个性的张扬，表现发自原始生命的本能，感受意识深处的心灵搏动等等，这些与尼采理论都不无共通之处。

第二章

弗洛伊德的精神分析学说与现代主义艺术

弗洛伊德

西格蒙德·弗洛伊德(Sigmund Freud，1856—1939)，是奥地利著名的心理学家、精神病学家，他以精神分析学说的创始人而闻名于世。他是20世纪思想文化界一位有开拓性的人物。一次大战后，他的学说无论是在西方还是在东方，无论对哲学、宗教、文学艺术，还是对社会风尚、伦理道德，都不时地激起一阵又一阵的冲击波。

主要著作：《性学三论》、《梦的解析》、《图腾与禁忌》、《日常生活的心理病态》、《精神分析引论》、《精神分析引论新编》等。

一、弗洛伊德精神分析学说

（一）精神分析学说的创立

1856年5月6日，弗洛伊德出生在弗赖贝格市的一个犹太人家里，父亲是个毛织品商人。该市现在位于捷克境内摩拉维亚省，当时是奥地利帝国的一部分。他四岁时举家移居维也纳。17岁以优异成绩从中学毕业，考入维也纳大学医学院，主攻精神病学，8年后，25岁的弗洛伊德以优异的成绩获医学博士学位。毕业后，弗洛伊德在维也纳全科医院工作，开始研究神经系统疾病。1885年秋，弗洛伊德前往巴黎投师于沙尔可（J. M. Chancot）门下，沙尔可是当时世界最知名的精神病专家之一，在那里弗洛伊德亲眼看到沙尔可用催眠暗示法对精神病患者的有效治疗。同时老师所强调的神经系统疾病的产生往往来自于某种无形的、看不见的心理创伤的见解也给他留下了深刻印象。后来更使他惊奇并深受启发的是，在催眠状态下，人体可以不自觉的、无意识地接受神经刺激的支配（如：在医师的暗示或诱导下做各种动作）原本在催眠状态下，人的显意识是抑制的、不起作用的，那又是什么在起作用呢？由此弗洛伊德开始了他的思考。

经过反复的观察和研究，他发现在人的意识背后，深藏着一种极为有力的心理过程——无意识（潜意识），弗洛伊德认为，无意识同有意识（即意识）的心理过程完全不同：有意识（即意识）是同感知有关的心理部分，它包括个人现在意识到的和现在虽然没有意识到但可以想起来的心理过程和心理状态；而无意识则是不能被人意识到的原始意识状态，它包括个人的原始的盲目冲动、各种本能以及出生后和本能有关的欲望，它们置身于心底深处、意识阈之下，但它们却不自觉的不停地活动着以求获得满足。无意识通常也被人们称作“潜意识”或“下意识”。

弗洛伊德一方面看到催眠术对于医治歇斯底里症的功效，另一方面他也发现了这种方法的缺陷，其最根本的一点是：这种方法未能揭示歇斯底里症的根源，即如果病症是由被压抑的意识所引致的，那么这些被压抑下去的意识是什么内容，为什么必然遭到被压抑的命运？

后来，他发掘这种无意识，并加以分析，最后导致了他的精神分析学整个科学体系的建立。在他看来，所谓无意识是被心理抑制和压迫着的领域，它栖息在内心阴暗的角落里，要经过外力的帮助、引诱和启发，经过某种分析的照明，除掉精神的压力，才能转化为“意识”。而这种“无意识”在未发现以前是深不可测的，就其内容和倾向性而言有好的也有坏的，有时甚至抑制为一种荒谬不经的“梦魇”。

关于这些问题，他从治疗伊米夫人的病例中获得了重要的启发。1889 年 5 月，有一天他在给病人医治时，病人突然用双臂搂住了他的脖子，幸好这时进来了一位工作人员，才结束了这种尴尬的场面。通过对此事的思考，弗洛伊德依照自己的想法引出这样一个结论 ：人的精神活动大都以性欲为基础。这是一个重要的起点，它预示着弗洛伊德精神分析理论的未来发展方向——到性冲动中去寻找精神现象的根源。他说：“由此，我开始有一个倾向，认定精神机能的疾病毫无例外地都是一种性机能障碍……”① 所谓“性机能障碍”弗洛伊德的意思是指“性欲”、性冲动受到了压抑。

1895 年，弗洛伊德与同开诊所的著名医生布罗伊尔合写的一部专著《歇斯底里症研究》出版。这是他的第一部专著，这本书的出版，为弗洛伊德的精神分析学的创立奠定了理论基础。弗洛伊德说，这本书的重点并不是描述歇斯底里病症的特性和各种现象，而是探索和寻求发生歇斯底里症状的最深刻的“源头”。

1900 年，《梦的解析》一书出版，它标志着弗洛伊德精神分析学说的初步形成。其中主要观点认为，在现实生活中人的欲望得不到满足，而梦的发生就使人的欲望得到了满足。这部著作当时并未引起人们的重视，甚至有人发表评论，批评这本书“毫无价值”，攻击他写此书只是为了赚钱。对于此书遭到的厄运，弗洛伊德自己也很愤然不平。（第一次印刷了 600 册，竟用了 8 年才卖完。）但随着岁月的推移，这部著作的影响却与日俱增，十年之后，已是一本世界性的著作，弗洛伊德也因此成了享誉世界的人物。这部著作，在他在世的时候，已经再版过八次，其盛况可以想见。

1904 年，《日常生活中的心理病态》一书出版。在该书中弗洛伊德认为，日常生活中人们常会出现遗忘、错放东西、口误笔误等等现象，看似偶然，实则无意识作用的结果。我们在意识中找不到发生这些现象的原因却可以在无意识中找到。“无意识”隐秘地活动于我们心灵的深处，却不为我们自己所

① 《弗洛伊德传》高宣扬，作家出版社，1986 年，第 92 页。

察觉，但它如同意识一样，对人的行为起某种支配作用，这才是过失发生的真正原因。

1905 年，弗洛伊德又推出新著《性学三论》，该书可谓性学理论之经典，它第一次系统地探索了自幼年时代起的人类性欲及其发展规律。这部书的运气是《梦的解析》无法比的，它一问世即受到了世人的重视，当然认识并不一致。

1908 年发表《创作家与白日梦》，认为文艺与做梦有着异曲同工的功用，就在于使欣赏者和创作家本人受压抑的欲望得到一种变相的满足。这比较集中地反映了弗洛伊德的文艺观。

此后，弗洛伊德陆续发表了《图腾与禁忌》（1913 年）、《论无意识》（1915 年）、《精神分析引论》（1916 年）、《超越快乐原则》（1920 年）、《自我与本我》（1923 年）、《文明及其不满》（1929 年）等著作。

在《图腾与禁忌》一书中弗洛伊德用俄狄浦斯情结来解释人类的原始文化；在《精神分析引论》中则用讲演稿的形式对精神分析理论作了全面的总结和介绍。

1938 年，纳粹攻入奥地利，弗洛伊德因在犹太区而成为德国人的俘虏。纳粹党索取赎金，由弗洛伊德的一个病人马利丽·邦那巴公主为他偿付了 25 万先令的赎金而获释。82 岁高龄的弗洛伊德迁居伦敦，在那里度过了生命的最后一年，1939 年逝世（83 岁）。

弗洛伊德精神分析学说在开始形成的时候并没有得到普遍承认，他的合作者、学生也因观点与其不同先后离他而去。在伦理界，弗洛伊德更是搅起了轩然大波，正像弗洛伊德在他的《精神分析引论》一书中说到的那样，认为精神分析有两个信条足以触怒全人类：其一是它和他们的理性的成见相反；其二是和他们的道德的或美育的成见相冲突。精神分析明白提出无意识是主要的心理过程，而意识的心理过程不过是整个心灵活动中的次要方面。这个理论，从根本上动摇了以往哲学关于人是以理性为主的动物这样一种观点，为非理性主义提供了理论论证。而弗洛伊德讲的精神分析的第二个信条，即同人们的道德和美育的成见相冲突，是指精神分析理论认为："性的冲动，广义的和狭义的，都是神经病和精神病的重要起因，这是前人所没有意识到的。更有甚者，我们认为这些性的冲动，对人类心灵最高文化的，艺术的和社会的成就做出了最大的贡献。"①

还是在《精神分析引论》中他曾指出，在科学史上人类自我推崇的观念曾遭受过两次重大的打击。第一次来自哥白尼，从那里人们知道了我们的地球不是宇宙的中心，仅仅是无穷大的宇宙体系的一个小星球，于是人从宇宙的主人变为小小地球的主人；第二次来自达尔文，他的进化论打破了上帝创造生命的观念，摧毁了人类认为自己异于万物的假想，证明人只是动物王国的成员之一（人是由猴子变来的）具有无法摆脱的动物性，这再次给人类中心论以沉重的打击。而现代心理学研究认为人类行为是由无意识的、以性欲本能为基本内容的动机所推动的观点，可称得上是对自认为因理性而高贵的人类的第三次也是最沉重的一次打击。

性的问题是一个公认的禁区，一直未能登上理论的大雅之堂。但弗洛伊德顶着各方的压力，坚持对这个禁区进行大胆而深入的探索。直到 1908 年，国际精神分析学会成立以后，弗

① 弗洛伊德《精神分析引论》高觉敷译，商务印书馆，1984 年版，第 9 页。

洛伊德及其创建的心理分析学才正式得到国际学术界的承认。随着心理分析学的发展，弗洛伊德及其学说的影响日益增强，在医学界受到欢迎同时也渗透到西方文化的各个领域，他的理论原则和观点深深地影响着文艺创作。（如意识流、超现实主义、表现主义、象征主义等文艺创作方法和流派）以及哲学和社会学，以至于要把它从文化中分离出来已经很困难。

弗洛伊德对梦的层层揭示触及了人类精神世界最难以接近的部分，他对无意识的分析引导着人类更透彻地了解自己并影响了 20 世纪人类人文思想。

20 世纪，达利的绘画，劳伦斯的小说、希区柯克的电影、马勒的音乐，弗洛伊德对生命中无意识的透视在几乎所有人文领域都留下了深刻的印记。

弗洛伊德 80 岁诞辰时，全世界 200 多位科学艺术家致信祝贺，他们说："如果世间有什么行动可以被永远铭记的话，那就是对人类心灵的洞察。"

（二）精神分析学说的主要内容：无意识、性本能、梦

弗洛伊德精神分析学说的主要内容包括："无意识"、"性本能"和"梦"。

1. 以无意识为根基的心理结构说和人格结构说

无意识理论是弗洛伊德精神分析学说的核心。

弗洛伊德认为，无意识是人心理结构的核心，心理活动主要是无意识的过程。他说，通常人们相信，凡是在自己脑子里发生的事情自己都是知道的，因为他们的意识告知了一切。相

反，如果人们没有被告知发生了什么，他们就会自信地认为它从来就不存在。这是因为人们习惯上总是将“头脑”中有的事与意识到的事当成一回事儿，而不顾这样一个明显的事实：众多的事情永恒地在你脑子里发生，却不被你所知晓。（这些不为人所知晓的即是无意识）也就是说，弗洛伊德认为，被意识到的“意识”所触及的只是人们“精神生活”中微乎其微的部分，犹如点缀在无意识心理状态这个汪洋大海中的一个由思想、情感、理想构成的小小孤岛，所以思维活动本身是无意识的过程。

关于无意识心理结构，在弗洛伊德的著作中，前后是不完全相同的，这不仅表现在它的称谓不同，使用的术语不同，而且它的内部结构也有一定的差异。

心理结构说

在前期，弗洛伊德把人的心理结构从里到外（或从深到浅）划分为三个不同的层次：无意识、前意识和意识。

无意识是人的心理结构的最深层、最重要的部分。人的一些生物本能、被压抑的欲望大多潜伏贮存于此。由于不符合社会道德和本人的理智，这些本能欲望无法进入意识层面而被人们觉察，故称无意识，即无法被察觉到的意识。但是无意识具有强大的心理能量，是人一切活动的动力和源泉。它奉行着“快乐原则”，不受客观现实的调节，而是由自己本身来行事。为了寻找发泄的出路从而获得满足，它总是力图渗透到意识中去。

前意识即上升到意识之前的意识，是介于无意识和意识之间的一个心理系统，它由那些当前意识不到但却可能被回忆起来的经验构成。无意识要想上升到意识领域就必须先通过前意识，前意识在无意识向意识过渡中充当着“检查官”的角色。无意识若被“检察官”驳回，则仍为无意识。若经受住检查，它就有可能上升为意识。作为检查作用，它具有在教育过程中建立起来的道德监督的性质。它不允许那些违背道德原则的观念和形象上升到意识领域中去。弗洛伊德说，形象地讲，无意识好像一个大房间，意识是与之相连的小房间，前意识是两个房间之间的“守门人”。无意识的各种本能冲动，只有经“守门人”的批准才能成为意识，否则便被“压抑”。

意识处于心理结构的最表层，是当下能够明显被察觉到、意识到的心理过程，是人同外部世界联系的桥梁。它具有自觉性、目的性和社会性的特点。

无意识的概念是精神分析理论的核心部分和基础。精神分析疗法的要诀就在于：用意识代替无意识，即把无意识翻译成意识。

人格结构说

1923年（67岁），由于解释社会观的客观需要，弗洛伊德在他的重要著作《自我与本我》中，对原有的心理结构改理论作了修正和补充，他把人的人格划分为三个支撑部分，即“本我”（id）、自我（ego）和超我（super-ego）。三者在人的整个心理活动中所处的位置及所起的作用各不相同，由此构成了他的人格结构说。

“本我”即原我，是指原始的自己，是人格结构的最深层和基础，为最原始的、与生俱来的无意识的结构。生存所需的基本欲望、冲动和生命力贮存于此，也是人的整个心理活动的内在动力。本我同外部世界不发生关系，它本身是无意识、无道德和非理性的，不辨是非善恶的，也不受理智及社会的道德规范、价值观任何约束。它不问时机、不看条件、不顾后果，只根据“快乐原则”行事，一味地追求本能的满足，为此它总是力图通过自我渗透到意识中去。它不被个体所察觉。

自我是一个意识结构，由感觉、判断、思考或记忆等的部分组成，代表人的常识和理性，它根据“现实原则”行事，是本我和外部世界的中介。一方面，自我要根据外部世界的需要，即现实原则的要求来限制和驾驭本我，使其本能欲望不至于随意溢出；另一方面，由于本我具有强劲的力量，逼使自我去寻找适当的时机，在“现实原则”的基础上使本我的部分需要得到满足。(“现实原则”的目的就是推迟能量的释放，直到真正能满足需要的对象被发现或产生为止。举例来说，儿童必须懂得肚子饿的时候，不能把什么东西都往嘴里塞。他必须学会识别食物，要等发现了可食的东西是才张口。否则，他就会自讨苦吃。) 可见，自我的主要职能是协调本我和外界的关系，控制本我的活动方向，尽其所能保护整个机体不受伤害。但是，自我对本我的驾驭并不是绝对的，原因就在于它的动力源泉归根到底在于本我。弗洛伊德曾把自我和本我比喻为骑马者与马的关系：“马提供牵引力，而骑马者则有权决定目的地和引导那强有力的马向这个目的地前进。然而遗憾的是，常常在自我和本我之间的关系中，我们所发现实际情况却是不大理想的。其中骑马者不得不根据马本身所愿意走的方向来牵引它”。[①] 看来本我的力量实在强大，它才是运动的方向的主导者而非自我。

超我是人格结构的最上一层，是能进行“自我批判”和“道德控制”的理想化了的自我，它遵循的是道德原则，由良知和自我理想组成，其特点是崇尚道德、追求完美。它与本我共通的是它们都不理会社会现实而执意按照自己的需求行事，超我大部分也是无意识的，是个体在成长过程中通过内化道德规范形成的，如在儿童早期生活中父母对他们的赏罚活动中形成的。

弗洛伊德认为，幼儿时期人不能自行控制本我的冲动，这时就易于受父母以及别的权威的制约；父母也往往出于对子女的关爱，对他们的行为作十分严格的赏与罚。久而久之，父母的道德准则便在儿女身上内化了，他们会采用父母的标准去处理本我的冲动。如小孩常因肮脏受到父母的惩罚，久而久之，他就会把不讲卫生视为坏事，而且他很可能以为自己天生就爱干净而厌恶肮脏。

超我是一切道德限制的代表，是人类心理结构中的文明部分，它和本我处于直接冲突之中，它的职责就是压抑本我的冲动，使其欲望不能实现。它所采用的方法是借助于内疚、自卑及罪恶感不停地对人加以惩戒，使本我的图谋不轨不能得逞。可见，超我为至善至美而奋斗，不为现实或快乐操心。

说到“本我”、“自我”、“超自我”三者之间的关系，

---

① 《西格蒙德·弗洛伊德心理学全集标准版》第 XXII 卷，第 77 页。

弗洛伊德曾经有一段生动的描述。他说："有句谚语告诫人们不得一仆同事二主。不幸的自我则比此遇到更加为难的厄运：它必须服侍三个苛刻的主人，并必须尽力调和这三方的要求和需要。这些要求往往又总是有分歧的，甚至常常还水火难容。无怪自我总是经常担负着沉重的任务。他是三个暴君的仆人。……自我既要受到本我的驱策，又要受到超我的限制，同时还要遭受现实的抗拒，……因为这些力量和势力都在它身上发生作用，对它施加压力，它必须使它们相互协调。"①

综上所述，本我、自我和超我之间的相互作用构成了一个统一的整体，这便是动态的能量系统——人格。最后，弗洛伊德指出，当三者协调时，人格健全，人处于和谐状态。反之，人就要做出非理想或超理性的举动。人们要想得到和平、友好、发展，就必须抑制本能冲动，维持三者之间的平衡和协调。作为一个现实的人，他既不完全充满崇高的理性，也不完全充满卑下的龌龊，而是一个矛盾的集合体。这点很重要，它改变了西方现代文学中关于人的观念。

弗洛伊德也认为，在艺术创作的过程中，心理活动确实是异常复杂的。作家、画家、音乐家、诗人、雕塑家等艺术家们可以在心理的三个层面——意识、前意识和潜意识自由翱翔、有所作为，这会有利于作品的浪漫性和深刻性。

以往西方文艺作品中关于人的描述，常常受传统影响，免不了会用早已形成的某种理性的条条框框去看待人进而塑造人

① 《西格蒙德·弗洛伊德心理学全集标准版》第 XXII 卷，第 75——76 页。

物形象，把活生生具有个性的人按照固有的观念塑造成单向度的类型的人，如有纯洁型的、丑恶型的、激进型的、消沉型的等等，只看到共性，看不到个性。现代艺术作品受弗洛伊德深层心理结构的影响，使人们关注到人的精神世界的不同层面及其所带来的人性本身的复杂性和丰富性，使创作家们对人的描写更加立体、更加丰富，即便是写英雄人物也不会只是再一味地高、大、全的形象，而会让人们看到一个既有情有义又有血有肉的活生生的人。另外，在弗洛伊德深层心理结构理论的影响下，现代文学的发展呈现出内向化倾向、主观意识的增强以及对人自身的关注。对画家们说来，一味地模仿自然对他们已经失去了吸引力："现实已经存在那里了，再去复制它有什么意义呢？"（表现主义代表性观点）作家更强调主观的、内在的情感，乔伊斯说得更具体："只写头脑里的东西是不行的，还要写血液里的东西。"就是说仅仅写意识到的东西是不行的，还要将那些意识不到的、流淌在生命河流深处的东西表现出来。

与哲学对认识抽象的表达方式不同，文学艺术作品一定要生动具体，富有幻想性、想象性，以至戏剧性，这点和梦所表现的潜意识活动特点有很大的相似性。所以，弗洛伊德说认为文学艺术创作中恰恰需要放松意识和理智对于潜意识的控制力，以便给潜意识获得任意驰骋和"自由联想"的机会。

此外在日常生活中，如果能够从人是一个"矛盾的集合体"的角度去理解人，能够承认自己存在有不可避免的局限性的话，那么对人而言在道德上会活得更轻松些。

2. 性本能理论

所谓本能，是指决定心理过程方向的先天状态，它与生俱来、不学而能。其主要来源是身体上的需要或冲动。

弗洛伊德认为人的精神活动的能量来源于本能，本能是推动个体行为的内在动力。在人的无意识中，有着许许多多的本能，但归结起来无非有两类最基本的本能：生存本能和死亡本能。生存本能又包括性本能和自我本能，其目的是保持种族的繁衍与个体的生存；死亡本能则追逐着破坏、侵略甚至摧残生命、自我毁灭。

在生存本能中，“性本能”是指繁衍物种的本能，它是无意识世界中最核心的内容，而性本能冲动（libido 力比多）是人一切心理活动的原动力或内驱力；“自我本能”，是人保存自己的本能（如趋利避害等）。

弗洛伊德是泛性论者，在他那里性欲不仅包括生殖欲望而且包含了更广泛意义上追求机体快乐的一切欲望。

随着人类文明的不断演进，自我本能逐渐采取了较高的活动方式，如从原始时代身着小皮裙围着篝火取暖住在山洞到今天可以身穿羽绒服住进有着空调暖气的高楼大厦，无论是御寒上还安全上都可以说较之从前采取了更高级的形式。而性本能却没有发生什么重大的变化，还基本上保持着它的原始面目。

性本能的特点是强烈地追求着某种器官的愉快和机体需要的满足。它依据着“快乐原则”支配着人们的行为和行动。

在《超越快乐原则》一书中弗洛伊德中提出快乐原则和现实原则。所谓“快乐原则”，就是一味地顺从自己的心理冲动，追求快乐。这是婴儿初级心理系统的一个显著特点。如襁褓中的孩子，会顺从自己的本能天性，饿了就哭喊着要吃要喝，直到奶放入口中才会停止哭闹感到满意，他才不会管你父母有没有钱提供奶粉……

在正常情况下，性本能可以在正当的性的活动中得到发泄，但在失常的时候，他会走向别的非正常的途径，附丽在别的活动上。所以许多表面上看来似乎与性无关的活动，如科学发明、艺术创造、宗教活动等，在弗洛伊德看来，实质上都是性本能（性欲）的表现。

“性欲”这种性本能冲动从人一出生到衰老一直都起着作用，所以人的一切行为无不带有性的色彩。由此，弗洛伊德提出他“幼儿性欲”的理论。

通常我们一般人认为，人成熟到一定年龄才会有性欲，性欲和生殖欲没什么两样，而天真烂漫的孩子是不会有性欲的。但弗洛伊德认为，性欲是与生俱来的，它虽然主要表现为生殖欲，但比生殖欲的意义更为广泛。比如，接吻，其次是触摸、唇舌、皮肤，这些都不是生殖器官但却可以发生性欲的快感。由此，弗洛伊德推断：一切快感都直接或间接地与性欲相关。

按弗洛伊德理论，人的性欲是与生俱来的，不过它的对象和表现方式随着年龄的不同而有所不同，性心理的发展一般都要经过三个时期：前生殖期、潜伏期和生殖期。

前生殖期包含三个阶段：1、口唇阶段（1 岁内）2、肛门阶段（2—3 岁）　3、性器官阶段（4—5 岁）

在性本能的整个发展过程中，人首先爱自己（自恋情结），然后爱父母（恋父或恋母情结），最后发展成为生殖期的异性相爱。

弗洛伊德认为，一个新生儿在他的性心理发展的最初一年里，性本能是指向自己的口腔来满足他的目的的。吸吮乳房，从口腔的刺激中得到满足和愉快，于是，遇到物件都要把它拿到口里吸吮，这种寻求口腔快感的自然倾向，就是性欲的雏形。到了成年，接吻便成为一种性欲活动。吸烟、吃零食都是这种倾向的遗留表现。再后来，除吸吮外儿童所感兴趣的便是排泄。排泄过程中摩擦肛门黏膜产生的快感，使他第一次发现自己的体肤也是快感的来源。总之，这一时期婴儿的性本能主要集中于自身，因此其特点是自恋。

儿童心理继续发展，到了性器官阶段便把性本能从自己身上转移到别人身上，开始了“对某些人深情的偏爱”。对男孩子而言，最初亲近母亲大多还只是迫于生理的需要，他睡在母亲的怀里，吸吮时能尝到的温柔的快感就已经带有性欲的色彩了。后来情感逐渐发达，母亲就不知不觉地成为他的性爱的对象了。他要独占母亲的爱，因此对母亲所爱的——父亲常怀有嫉妒和敌意。弗洛伊德认为，爱母嫉父是人类一个最普遍最原始的倾向，这就是所谓的“俄狄浦斯（Oedipus）情结”，又称“恋母情结”和厄勒克特拉（Electra）情结（又称为“恋父情结”）。

《俄狄浦斯王》是希腊三大悲剧家之一——索福克勒斯所著的著名悲剧，内容大致这样：

提佛国王的儿子俄狄浦斯，因神预言他将杀父娶母，出生后就被丢弃在山崖上，后被一牧人所救，又转给邻近国家科林斯国王收养。长大后，当他知道神谕后，为逃避杀父娶母的命运，离开养父母，外出流浪。以为这就可以避过灾难。在通往提国的路上，他与一位坐在马车上的老人相遇、争路，俄狄浦斯盛怒下杀死了老人。他万万没想到，他杀死的正是自己的亲生父亲——提佛国国王。他来到提佛国后，除掉了狮身人面的怪物斯芬克司，于是被提佛国的人们拥为新国王，并娶了前王之妻，即他的生母，后来生了四个子女（两儿两女）。

起初国泰民安，但不久，国内瘟疫流行，神谕必须除去杀死前国王的罪人才能灭灾。他究其原因，才知道自己已经杀父娶母。悲愤中的他刺瞎了自己的双眼，流浪他乡，最后在贫困中死去。

这本是一个神话故事，它多少反映了原始社会杂乱的婚姻关系，反映了人与命运的冲突和人力的渺小及神力的可怕、无法抗拒。弗洛伊德把它移植到心理学上，使之成为心理学名词，意指男孩恋母反父的倾向，即“恋母情结”。

弗洛伊德认为，俄狄浦斯情结，每个男人都有，尤其是在儿童时期，他说：“也许我们所有的人都命中注定要把我们的第一个性冲动指向母亲，而把我们第一个仇恨和屠杀的愿望指向父亲……”①

那么女孩是否也有这种情结？也有。古希腊神话中也有女孩“恋父嫉母”的描写，弗洛伊德称之为“厄勒克特拉（Electra）情结”，又称“恋父情结”。它源于希腊神话中，身为迈锡尼国王阿伽门农之女的厄勒克特拉，怂恿弟弟一同杀死了谋害死父亲的亲生母亲，为父报了仇的故事。当然，弗洛伊德本人对这方面没有做进一步的说明。

以上所说的三个时期，即口腔区、肛门区、性器官区，总称为前生殖区。大约是在儿童六岁以前，那时候儿童的生活完全是本能的，没有道德意识，所以不能把自性爱和亲属爱视为

---

① 《弗洛伊德论美文选》知识出版社，1987年版，第15页。

耻辱的事。到了六岁以后，他的知识逐渐增加长，他发现他的幼稚的嗜好有许多是被社会所看不起的。比如，他从前常常公开地摸弄生殖器，现在他的父母告诉他说那是件丑事，他就不得不把摸弄生殖器所得到的快感牺牲掉了。从前他心里想和母亲或姐妹亲热，现在他听说这是不名誉的事，也勉强把这种念头打消了。总之，在这个时期的举动都不像从前那样只顾“快乐原则”，而是要见兼顾到“现实原则”了。

“现实原则”：随着幼儿年龄的增长，教育和习惯的影响，他逐渐认识到：在社会中，人必须克制自己的本能冲动以适应现实生活。否则不仅得不到快乐，反而会得到痛苦。所以，现实原则实际上还是以获得快乐为目的，只不过它要照顾到现实的要求了。

潜伏期（6—12 岁）的特点是专注于社会情感的发展，受外部世界教育、道德、习俗等精神力量的约束，其性欲冲动通常处于抑制状态，真正的性欲还表现得不很明显。

生殖期则以生育繁衍后代为目的。潜伏期后，性本能开始朝着生理上的繁殖方向发展。青年开始被异性吸引（间或有些因素来自于恋母或恋父情结），最后导致性结合，这时就到了生殖期。生殖期的主要特点不是自恋，而是对象选择，它包括集体活动，社会化，择偶，结婚成家，生育，职业进取心和成人责任感的发展。这一阶段最长，从 17、18 岁一直到衰老。进入衰老期之后，人往往倒退到前生殖时期。

生殖期并没有取代前生殖期，相反，前生殖期的欲望溶入生殖期的欲望中。例如，亲吻、爱抚等成人性事的辅助活动也同样满足了前生殖期的冲动。弗洛伊德认为成人人格的基本组成部分在前生殖阶段已基本形成，所以儿童的早年环境、早期经历对其成年后的人格形成起着重要的作用，许多成人的变态心理、心理冲突都可追溯到早年期创伤性经历和压抑的情结。

需要说明的是，将无意识本能看成是由自我本能和性本能构成的观点为弗洛伊德早期观点，但是到了晚年，第一次世界大战空前灾难让弗洛伊德看到的是屠杀和破坏，这使他感到人性中还存在着侵略本能和毁灭本能，他把这种本能称之为死亡本能。于是他对原有的观点进行了根本性的修订，将原有的自我本能和性本能联结在一起称作生存本能，最终，他把作为人的行为动机的本能重新分为两类，即生存本能和死亡本能。生存本能指向生命的生长和增进，死亡本能则追逐着破坏、侵略甚至摧残生命、自我毁灭。

3. 梦和梦的解析

人的一生中，三分之一的时间用来睡眠，睡眠中有五分之一的时间是在做梦，也就是说，梦代表了十五分之一的人生。

关于梦，古今中外派别虽多，但仍不外乎唯灵、唯心、唯物三种立场。

唯灵的梦观认为，经由“第三类意识”的运作，我们可以获得天启、神谕之类的“第三种知识”；唯心的梦观认为，“梦”隐藏着我们迷蒙的心事；唯物梦观则主张：梦是大脑这一信息处理机暂时性达到“荡机”，即脑细胞不完全活动的产品。弗洛伊德属于唯心的梦观。

压抑论

弗洛伊德在他大量的临床病案中发现：在被人们遗忘的记忆中，大多是那些不能被接受的愿望，如那些令人感到不快的、痛苦的甚至耻辱的事情。在治疗精神病患者时他观察到：很难使病患者说出自己的经验。当暗示患者努力回忆过去的情绪经验时，那些经验便会遭遇到很大的反抗，前面说的“检查作用”就是一种抵抗。

所谓压抑实质是具有两种相互联系的含义：其一，压抑就意味着把痛苦的可耻的经验从意识中排除出去（如一个士兵不回忆临阵脱逃的情况）；第二，压抑就意味着防止那些不体面的、见不得人的冲动或欲望进入意识中来（如儿童克制对异性父母的无意识的性欲的吸引）[①]。可见，压抑和抵抗两个相互联系现象都是压抑的表现。

弗洛伊德认为：“要让病人将那些感到特别痛苦的无意识材料侵入他的意识，他会表现出极端的反抗。”[②] 而现在这种抵抗力量，恰恰是当初把它压抑到无意识中去、使之被遗忘的那个力量。为了使患者从无意识中挖掘出过去被压抑的情绪经验，从而使患者的疾病痊愈，精神分析就得帮助病人进行自由联想以便克服抵抗。（在希区柯克导演的《爱德华大夫》中：约翰·布朗儿时使弟弟意外身亡的不堪经历产生的罪恶感深埋在他的无意识中，当他面对爱德华大夫被杀事件时，无意识起作用了，认为自己就是杀人凶手。后来通过女心理医生的治疗，帮他克服了对回忆起往事的抵抗，走出了困境。）

在弗洛伊德看来，精神病患者在治疗中所遇到的抵抗是精神分析最难以对付的问题，“战胜抵抗是其中最困难

① 《西方著名哲学家评传》续集 下卷，山东人民出版社，1986 年，第 384 页。

② 《西格蒙德·弗洛伊德心理学全集标准版》第 XVI 卷，第 294 页。

的技术问题，”[①] 然而又是相当重要的工作。

如果患者继续拒绝承认被压抑经验的存在，那么分析治疗就无法进行。只有当患者不再抵抗而接受分析时，病况才有可能得到改善。

梦和梦的解析

1897年，弗洛伊德开始对自己进行自我分析，他发现梦是无意识的表现，对梦的解析恰恰是寻得无意识的一个重要途径，即通过对梦境的解析，可以发现精神病患者最终被压抑的欲望为何，因此梦的解析也可以成为治疗精神病的一种方法。

通常我们可以有意识地做这做那，但谁又能有意识地去做梦呢？梦属于非理性的领域，是无意识释放的王国。

那么什么是弗洛伊德所说的梦呢？弗洛伊德说，我们对有些愿望感到羞愧，不得不自己隐瞒自己的方法，结果这些愿望就被压抑并推回到无意识中去，因此无意识中最主要的内容就是性欲，因为它是平日我们最难于启齿的事情，而到了夜间，当我们睡觉的时候，这些愿望就开始活跃起来。由于检查作用的松懈，无意识中的这些被压抑的愿望及其衍生物经过抵抗，并以化装的方式，改头换面乘机闯入意识层面通过梦的方式表现出来。所以，梦是愿望（欲望）的达成（满足）。更确切地说，梦是一种受压抑的欲望（经过改装后）的达成。

这一点在孩子的梦中表现得最为明显。一个小孩想吃

① 《西格蒙德·弗洛伊德心理学全集标准版》第XVI卷，第209页。

什么东西，想到哪里去玩，他常常在梦中梦到真的在吃那东西，真的在那个地方玩耍。成人的梦也常会有这种情形。

弗洛伊德特别强调要把“梦”和“睡眠状态”加以区别。他说，我们知道，在睡眠中，有时我们只是简单地重复白天发生的事，这称不上是做梦，这只是睡眠状态中的心灵感应，它更多的是形成于对外界事物感知的基础上；而梦则是纯精神生活的产物。所以，在弗洛伊德看来如果没有压缩，歪曲，戏剧化，特别是如果没有愿望的达成，就称不上是梦。

但弗洛伊德也觉得这一论断还有未解决的问题：如那些遭受打击或心灵受到严重创伤的人（在战争中这是常有的事)，经常会梦见当时受打击的情景，它满足什么愿望呢？后来，他发展了一种理论，假定心理生活中确有一种超越快乐原则的重温冲动。他说：这些梦，旨在通过诱发恐惧，对当时自己没能对付和控制的严重情形（未达成的愿望)，重新做一番控制的努力，以图在重现的情形中控制住它，从而达成自己的愿望。

弗洛伊德把梦境分为“显梦”和“隐义”。显梦类似于假面具，而隐义是假面具所掩盖的欲望。做梦好比制造谜语，显梦是谜面，隐义是谜底。梦的解析就是要把重重化装揭开，由显梦寻求隐义。

弗洛伊德梦的学说引起了学者们的很大兴趣及大量的观察和实验研究。

梦本来是很难理解的心理现象。巴甫洛夫认为，大脑抑制的扩散产生了睡眠，但由于还有一小部分脑细胞还在活动以至形成了梦。这是对梦的生理解释。至于梦何以有种种奇特的内容，则属于梦的心理解释的问题。可以说，弗洛伊德对于这种解释是有创造性贡献的。通过他的研究，我们开始对梦有了新的心理学说的解释。

自由联想法

弗洛伊德在治疗精神病时发现，很难使患者说出自己的经验。当暗示患者努力回忆过去的情绪经验时，这些经验遇到很大的抵抗，而精神分析就是要帮助患者进行自由联想，以便克服抵抗。可见弗洛伊德精神分析学的方法论最重要的就是“自由联想法”。

方法是这样：精神分析者尽量让精神病患者打消一切顾虑把涌上心头的任何东西，不假思索地尽情倾吐出来，一般来说，医生往往鼓励病人回忆从童年起所遭遇的一切经历或精神创伤与挫折，然后医生把这些材料加以分析和解释，从中发现那些与病情有关的心理因素，直到分析者和患者都认为已找到病根时为止。弗洛伊德认为，用这种方法可以挖掘出精神病患者的病根，使他的疾病得到治愈或缓解。这种方法本是一种精神疗法，在医学上也很有价值。但是弗洛伊德认为它不只是一种医疗方法，而且用不着改变它的特性，就能够用来处理文明的历史、宗教或神话等所有问题，以至于后来一些现代派艺术如超现实主义、意识流等都尝试了把这种方法用于艺术创作。

（三）弗洛伊德的文艺观

弗洛伊德的精神分析理论左右着他对人类艺术这一事物的理解及观点。

弗洛伊德的主要文艺论著有：《创作家与白日梦》(1908)、《达·芬奇和他童年的一个记忆》(1910)、《米开朗琪罗的摩西》(1914)、《歌德在其〈诗与真〉里对童年的回忆》(1917)、《陀思妥耶夫斯基及弑父者》(1928) 等。

弗洛伊德是位有很高修养的人，他对文学艺术也有着广泛的兴趣。他很欣赏诗和雕塑，对绘画和建筑也很喜欢。歌德、达利和罗曼·罗兰、茨威格都与弗洛伊德有过较为密切的交往。1924 年，罗曼·罗兰在茨威格的陪同下拜访了弗洛伊德。三个人各抒己见，探讨着文艺创作和人类心理活动的关系。1928 年，弗洛伊德发表了论俄国作家陀思妥耶夫斯基的著名文章：《陀思妥耶夫斯基及弑父者》。文章对陀思妥耶夫斯基的《卡拉马佐夫兄弟》一书进行了艺术评论。弗洛伊德认为，陀思妥耶夫斯基的《卡拉马佐夫兄弟》、索福克勒斯的《俄狄浦斯王》和莎士比亚的《哈姆莱特》是文学史上三部表现俄狄浦斯情结最典型、最优秀的作品。

1. 艺术是性本能升华的结果

在弗洛伊德看来，人的精神过程主要是无意识的，人的一切行为最终都是由性本能所驱使的，力比多欲望好比一股潜流，有三条基本出路：

第一条是通过正常的性行为得到宣泄；

第二条是倒流或固着。返回早先某个阶段即倒流，长期停留在“生殖期”以前的早期阶段，便叫“固着”，二者都会造成病态人格。

第三条出路是升华。所谓“升华”，就是将性本能的欲望转变为更富有社会价值的创造活动。弗洛伊德认为，升华作用是一种调和的办法，它一方面免去过度的压抑，使性本能的力量得以释放，本能的要求可以得到相当的满足；同时又与社会的道德习俗不相违背。这样，原本是低等欲望原动力的性本能，经过升华作用，就成为文艺等高尚情绪的原动力，而艺术就是性本能得到升华的结果。

2. 艺术创作是艺术家的“白日梦”

弗洛伊德认为艺术创作实际上就是艺术家的一种特殊的幻想活动，也即做白日梦。但艺术家的白日梦与普通人的白日梦有很大不同。

性的欲望是怎样通过文艺而得到升华的呢？在弗洛伊德看来，人们性的欲望不能按照快乐原则而无所顾忌，它一定要受到现实原则的限制。为了求得欲望的满足，人们便只有大做“白日梦”。

“白日梦”和夜间梦一样，都是受到压抑的愿望在无意识中得到实现，因此也是愿望的达成。但是二者也有不尽一样的地方：真的梦（夜间的）中，我们完全把那些幻觉当成真的东西，当我们醒来，判断力才告诉我们，并没有经历什么；而白天的梦想是绝不会与现实相混淆的。

弗洛伊德认为，未得到满足的愿望，最主要的是野心和性欲。幼年时代已经存在的欲望，成年后依然会以幻想的形式出现。但是普通人不懂得白日梦是一种普遍现象，由于怕羞而把自己的幻想藏匿起来，视之为不可告人的秘密。他们宁愿把自己遭遇过的最大不幸告诉给别人，也不愿丝毫透露自己所做的白日梦。结果在这种人人做梦，人人自隐的情况下，每一个人都以为世界上做白日梦的只有他自己，殊不知与此同时，世界上每一个人都是这样以为着。

对于白日梦的特点，弗洛伊德指出：

首先可以说，做白日梦的人清一色的都是对现实感到不满的人。在现实中未能满足的愿望，便是幻想产生的原动力。每一个幻想都在弥补着现实中的空虚和不足，只不过驱动幻想的那些欲望要依幻想者的性别、年龄、性格而有所不同。少男多求满足其野心；少女则多求满足其爱情（原文用“色欲”）。

其次，白日梦与时间有着十分重要的关系。同一时刻的幻想常常徘徊于三段时间，即现在、未来和过去之间。艺术家们在白日梦中，把过去、现在和未来依次串在一根愿望的绳索上。比如，有一个孤儿，拿着一封介绍信去见雇主，一路上他所幻想的可能是：他被录用了很讨新老板的喜欢，不久之后，便成为老板最得力的不可缺少的助手。同时也得到老板家中的欢迎，尤其是得到了老板女儿的垂青，最后老板终于把女儿嫁给了他，他继续辅佐岳父的事业，最后终于成为事业 的继承人。就这样，这个梦想天开的人重新得到了他幸福童年所拥有的东西：庇护他的家，爱抚他的双亲，以及他最喜欢的玩物。从这个例子中我们可以看到，愿望是怎样利用现在的事件（去见雇主）按照过去的方式（童年的生活）来安排将来的。

弗洛伊德指出，虽然做白日梦的人比比皆是，但是敢于在光天化日下明目张胆地暴露白日梦的只有艺术家。

普通人在梦想中所能求得的满足是极其有限的，因为他们的理智无情地压制着其梦想，使他们以梦想为耻。但是对于艺术家来说就是另外一回事了。

“艺术家本来是这样一个人：他从现实中脱离出来是因为他无法在现实中满足与生俱来的本能欲望的要求。于是，他在幻想的生活中让他的情欲和雄心勃勃的愿望充分表现出来。但是，他找到了一种从幻想的世界中返回到现实的方式：借助于他的特殊的天赋，他把他的幻想塑造成一种新的现实，人们把它们作为对现实生活的有价值的反映而给予公正的评价。”①

弗洛伊德认为，一个真正的艺术家，懂得怎样把他的白日梦加以苦心经营，使之失去那些不堪入耳的声调，从而变得对旁人来说也是可以欣赏的东西，即他凭借自己非凡的才气把那些来自禁区的见不得人的本能、欲望加以充分改造，变成大家所能接受所能理解的东西且还不易被人察觉到。……当他做了这些后，他便可以心安理得地利用变化了的幻想，一方面使自己的欲望得到满足，另一方面又为他人开辟了一条原来被忽视了的寻欢之路—— 一条能够使他回到舒服的、无意识中去的路。为此，他得到了旁人们的感激和赞赏……

艺术家之所以能使本能目标得以升华关键在于他们拥有特殊的创造性禀赋。

3. 艺术家的特殊禀赋及艺术的功能

在弗洛伊德看来艺术家的特殊禀赋在于，艺术家不仅有强烈宣泄被压抑的愿望的冲动而且具有非凡的艺术升华能力。

弗洛伊德认为，作家艺术家都是性本能冲动异常强烈的

① 弗洛伊德：《关于精神功能两个原理的理论》，《论文集》第四卷，第174页。

人。他说，艺术家“是一个被过分器张的本能需要所驱策前进的人”，同时又是“一种具有内向性格的人”，他们“与神经病患者相差无几”。作家艺术家普遍存在的个性特征是：第一，压抑力量的松弛；第二，超乎平常人的强烈的性本能欲望；第三，异常巨大的升华能力。正是最后一种特征，使作家艺术家有别于一般的正常人和真正的精神病患者。

艺术创作作为艺术家心迹的吐露，能给欣赏者带来艺术快感和审美体验。在艺术家所造之梦中，他们运用高超的艺术技巧克服了读者心中对来自禁区的本能欲望的厌恶感同时在表达其幻想时又为我们提供了纯粹形式的，也就是美的享受或乐趣，因此艺术创作活动远远高于一般人的幻想的水平，一般人的幻想或白日梦只是一种属于个人的纯粹的欲望满足，而创作活动的结果却是可以与别人分享的，是具有社会文化价值的。由此可见，普通的人对能够从艺术家的作品中获得精神上的真正慰藉充满了渴望，这也正是艺术作品之魅力所在，也是艺术的重要功能之一。正是在这个意义上，弗洛伊德认为，艺术不仅是一种补偿手段，它也是一种社会性的治疗手段和公众摆脱苦闷的一条出路。

当一些艺术作品受到人们的推崇和赞美时，人们往往会说它“催人泪下”。为什么使人痛苦、悲伤的作品却被认为是好东西而得到推崇呢？原因就在于欣赏者可以通过艺术家所造之梦，在虚拟的、对自身及现实生活无法造成伤害的悲苦境遇中来宣泄积淤在心头的悲伤情绪。在这个意义上说，面对艺术所流的眼泪表面上是因为剧中故事和人物，而实际上是因为自己，以此来卸下心灵的重负。所以，一个十分有趣的现象，即艺术上有大才华的人往往是骨子里相当自卑的人，他们拙于交往，性格内向、压抑甚至自卑，但在自己的艺术世界里他们却超乎寻常挥洒不羁，乃是在其中求得了释放、宣泄和平衡。

人是欲望的凝结体，但纵有千百种欲望却难能皆享。在现实世界中任何一个具体的人，无论他多么富有、多么智慧、多么看似无所不能，多么不愿意过单调乏味的生活，这种不满足可能表现在生活的方方面面，如衣食住行、职业、工作等等上，但总不可能拥有想要的任何东西或尝试各种不同的职业、经验不同的情形，而艺术则通过其假定性给人们提供了解和体验多种不同可能性的机会，在一定程度上缓解和满足了人的这种追新求异的愿望，也有助于认识和感受人生的种种价值，使人性更加完美和充实。

4. 艺术作品是艺术家本人梦幻的写照

艺术家本能的欲望通过艺术这条途径得到了升华。那么，作为升华的结果——艺术作品，就是艺术家本人梦幻的真实写照。比如，弗洛伊德在分析达·芬奇的《岩间圣母》这幅画时认为，画中婴儿的神态表现了达·芬奇的“恋母情结”。因为，达·芬奇是个私生子，从小一直和父亲生活在一起，故对母亲的情感有着特别的渴望。这种对母爱的渴望激起了年幼的达·芬奇潜意识中性本能的冲动，但因他爱恋母亲、取代父亲的希望不能实现，于是便把战胜父亲作为他一生的目标，于是性本能转而升华为一种非凡的艺术创造力。为什么他的《蒙娜丽莎》会带着谜一样令人迷惑而狂喜的微笑？或如英国作家佩特所说：“那深不可测的微笑总是带着点邪恶在里面？因为它蕴含着达·芬奇的恋母情结和童年幻想的回忆。”弗洛伊德还认为，在《哈姆雷特》中，哈姆雷特之所以迟迟不决的“不能对杀死他父亲、篡夺王位并娶了他母亲的人进行报复，正是因为这个人向他展示了他自己童年时代被压抑的愿望的实现。这样，他心里驱使他复仇的敌意，就被自我谴责和良心的顾虑所代替了，它们告诉他，他实在并不比他要惩罚的罪犯好多少。”①

法国著名音乐传记作家罗曼·罗兰在其所著的《昔日音乐家》一书中，对莫扎特作曲的歌剧《唐·璜》曾作过这样的诠释。

这部歌剧的内容大致是这样的：西班牙的纨绔子弟唐璜，用情不专，戏谑成性，周游列国，随处勾引妇女，既不计较对象，也不计较手段，以致艳闻频传，无可计数，而他却视之为自然。最终因罪孽深重，被打入地狱，然而他临入地狱却仍不悔改。

对于《唐·璜》这部歌剧，罗曼·罗兰发表他的见解说：“莫扎特如此善于描绘贵族浪子及其多疑的性格，诚足令人感到惊奇，但是如果有人肯把唐·璜作进一步的研究，他便可以在他的漂亮、他的自私、他的戏谑、他的骄傲、他的好色，以及他的易怒之中看出，这正是能够在莫扎特本人身上找到的特征；因此说起来不免显得荒诞：莫扎特之内在的自我就是潜在的唐·璜。于是他在他自己的艺术中，完全实现了潜在的自我。

要知道罗曼·罗兰曾写信对弗洛伊德说，他非常感谢弗洛伊德对他的赞赏。并表示他一直在阅读弗洛伊德的著作已有二

① 《弗洛伊德论美文选》，知识出版社，1987 年版，第 18 页。

十年的时间。在弗洛伊德及其受他学说影响的人看来，艺术不仅与艺术家的性格和欲望相关，而且简直可以说就是艺术家的化身，是艺术家内心生活的外化像或艺术变形。这种看法虽然过分夸大了创作家的主观感受，也使弗洛伊德得罪了很多艺术家，但是它在一定程度上说明了文学创作的一个重要现象：作家本人的因素对创作的作用，这种作用在一些自传色彩较浓的作品中更为明显些。事实上，把内心的冲突塑造成外界的形象，对现代西方的文学创作影响很大，它成为二十世纪众多的“主观内心小说”的作家经常采用的一种方法。

弗洛伊德这种把“美”的概念根植于性冲动之中，把作品中的人与人之间的社会矛盾归结为性竞争的观点，从根本上把人的艺术活动与人的社会生活分割了，它不再去考虑作家本人和作品内容的社会因素而把艺术思维活动说成是一种本能的活动。不少作家受其影响，不去反映生活、描写生活，而是热衷于性生活等低级色情的描写。因此，充斥二十世纪西方文坛的现代派的一些庸俗、浅薄、色情和凶杀作品不能说与弗洛伊德的思想没有关系。

这种唯性的观点，当时就遭到了荣格等人的反对。他的学生、瑞士心理学家卡尔·荣格（Carl Jung，1875—1961）就主张以“集体无意识”[①]来解释作家的人格，这就在一定程度上提出了作家人格与民族心理的关系，这种看法比弗洛伊德的看法更合理。

总之，弗洛伊德认为，艺术是创作家性本能的升华。

① 集体无意识，指一种代代相传的无数同类经验在某一种族全体成员心理深层的沉淀。荣格用它来表示人类心灵中所包含的共同的精神遗传。

二、弗洛伊德与艺术领域的追随者

中外艺术史上，曾出现过不少艺术思潮。它们对各门艺术都程度不同地产生了影响。仅仅从17世纪以来，在西方艺术史上产生过重大影响的就有古典主义、浪漫主义、现实主义、自然主义、现代主义和后现代主义艺术思潮等等。

艺术思潮的产生往往与社会思潮和哲学思潮密切相关。如17世纪古典主义是一种重要的艺术思潮，它崇尚理性与理智，讲求共性与规则，美学上要求典雅、和谐，艺术上要求结构严谨，表现在戏剧上就是“三一律”。莫里哀和高乃依的戏剧作品是古典艺术的典范。这和法国当时的政治制度与社会精神有直接联系。法国的君主专制制度非常强大，政治稳定，民族统一，社会各阶层处于相对和睦时期，矛盾暂时得到缓解。因此，从当时社会的主流意识形态来说，它要求一种与之相对应的艺术模式，这就是古典主义。而随着资产阶级的兴起与1830年7月革命的爆发、浪漫主义顺应新的思想潮流，一跃成为压倒古典主义的新的艺术思潮。浪漫主义尊崇天才与个性，提倡情感的自然抒发，反对古典主义的理性与僵化。这一艺术思潮首先发源于英国，新兴资产阶级要求打破古典主义的束缚，树立自己的艺术形象。拜伦、雪莱、济慈等是其主要代表。其后，浪漫主义传到法国，雨果、缪塞在文学上率先冲破古典主义的藩篱，籍里柯、德拉克洛瓦和吕德又在绘画上取代了学院派古典主义绘画，创作了《梅杜萨之筏》、《自由引导着人民前进》和《马赛曲》（雕塑）等杰出作品。籍里柯（Theodore Gericault，法国）的《梅杜萨之筏》的画面上波涛汹涌，狂风肆虐，一片孤筏漂泊在茫茫的大海上。哪里是生命之路？筏上的人有的死去，有的狂吼、挣扎、呼唤，期待着远方的船影——生命的绿洲。它描绘的是发生在1816年7月的一起海难，满载法国移民、官员、军人的巡洋舰在驶往西非塞内加尔途中沉沦。船长和官员霸占6艘救生艇逃命，150多人被弃在临时扎捆的木筏上，漂流了13天，只有15人上了岸。波旁王朝竭力掩饰，籍里柯走访幸存者和死者的家属，创作了这幅作品。吕德（Francois Rude）创作的《马赛曲》，女神身穿铠甲，展开双翅，挥剑向前，修长的战裙显示了疾风式的动势和威力，这幅作品雕刻在凯旋门上，描绘了1872年普奥联军干涉革命，巴黎人民奋起保卫祖国的英勇事迹。德拉克洛瓦（Eugène Delacroix）的《自由引导着人民前进》上，自由女神手执毛瑟枪，高举三色旗，站在街垒上，引导人民向前。它记录了1830年的法国七月革命，巴黎人民连续战斗三天，推翻波旁王朝。这些作品的想象大胆奇特，色彩浓烈，激情奔突，富有运动感，表达了强烈的战斗精神。浪漫主义在德国发展为以歌德、席勒为代表的文学狂飙运动和以舒曼为代表的浪漫音乐，他们的作品表达了一个新兴民族对天才、自由和未来的向往。

同样，20世纪现代主义艺术思潮的生成与尼采哲学、弗洛伊德精神分析学以及西方现代社会思潮有着密切联系。正如前面所讲：尼采从根本上动摇了西方人的信仰，弗洛伊德的无意识学说又是继哥白尼的日心说、达尔文的进化论之后对人类自身一次最遥远的放逐。加上19世纪以来象征主义的审丑意识和康德、柏格森等人的艺术无功利性、艺术是直觉等等学说，现代主义在理论和艺术传统上获得了生成基础。此外，第一次世界大战以来西方社会的矛盾、畸形、荒谬、怪诞以及人们的孤独感、异己感、恐怖感、死亡感也促成了这股思潮的生成。

一般认为，西方现代主义艺术的萌芽始于19世纪中叶象征主义的出现，其标志是法国象征主义诗人波德莱尔的诗集《恶之花》的问世。而西方现代主义艺术思潮的正式形成，却是在20世纪初叶。

现代主义艺术，又称现代派艺术，是指第一次世界大战前后以来，流行于资本主义世界各国和以往文艺根本不同的以反传统、反理性为其特征的现代西方各种文艺流派。其中影响较大的有以德国为中心的表现主义、以法国为中心的超现实主义、以意大利为中心的未来主义、以英国为中心的意识流文学以及存在主义文学、荒诞派戏剧、野兽派绘画、新浪潮电影等等。这些流派虽然主张不尽相同，表现各异，但在反传统、反理性，强调"主观"、"自我"，崇拜无意识本能、表现变态、畸形，追求形式上的新、特、奇方面都是一致的。

在20世纪这样一个特殊的社会环境下，艺术家们通过对弗洛伊德精神分析学说的高度认可，从而开始向内寻求深度自我表述的精神创作。虽然不少艺术形式、流派走到了极端，超出了大多数人的接受理解范围，但却不难从中感受到由社会环境、经济危机、帝国主义战争等社会问题给人们心灵深处造成的极度压力，同时也从另一个侧面让我们看到精神分析学说对艺术家创作的重要影响力。

最直接受到弗洛伊德精神分析学说影响的现代主义艺术思潮当属超现实主义，此外，表现主义也比较多的受到其影响，它们都十分看重无意识本能在建立自己的艺术王国中所扮演的重要角色。

（一）超现实主义（surrealism）

1. 超现实主义的形成

可以讲这是一个由于发现了弗洛伊德而随之兴起的艺术流派。

二十世纪二十年代超现实主义产生于法国。从1919年安德烈·布勒东和菲利普·苏波合著第一部“自动创作”的作品《磁场》，到1969年让·许斯特正式宣布超现实主义团体的解散，半个世纪的时间，超现实主义从只有十几个成员的巴黎小组，发展成为影响欧、美、亚、非四大洲几十个国家的国际性运动。作为一种文艺思潮，超现实主义不仅在小说、诗歌、戏剧等方面锐意革新，而且曾在广泛的艺术理论和艺术创作领域发生作用，在雕塑、建筑、电影特别是绘画等方面，直到今天，我们仍然可以感受到它的重大影响。因而，超现实主义在西方现代文艺发展史上有着不可忽视的特殊地位。

超现实主义法语原文是Sur-realisme，字面意思是超过现实主义、在现实主义之上，最早为阿波里奈尔提出。他提示说，人当初企图模仿行走，却造出了轮子，但轮子不像腿，这就在不知不觉中创造出了超现实主义。所以，在他看来，所谓超现实是只应从现实中受启发，不必做照相式的模仿。

超现实主义的前身——达达主义

超现实主义产生于1924年的法国。可以讲达达主义直接导致了超现实主义。

达达主义　第一次世界大战期间，一大批拒绝投入这场战争的知识分子纷纷避居中立国瑞士。1916年初，一位德国作家雨果·鲍尔创办“伏尔泰酒吧”，同年六月，《伏尔泰酒吧》杂志出版。据说在一次俱乐部的聚会上，作家查拉当着大家的面，将一把裁纸刀随意插入一本法德辞典中，翻开那页刀尖所指之词即“达达（dada）”（在法语中，“达达”一词意为儿童玩耍用的摇木马。）于是就将之作为他们这个团体的名称了。后来有不少人都试图从“达达”一词的词义上找出其缘由，然而“达达”派之所以采用这个名称，恰恰是因为这纯粹出于偶然，也就是毫无理由、毫无意义。如果一定要找出什么理由，那只能说这种做法恰好反映了他们对世界的看法：一切都具有偶然性和不可知性，一切都显得荒谬和没有意义。

达达运动最初是从绘画领域开始的。1913 年，法国画家杜尚（Marcel Duchamp）以实物创作了“一个自行车轮被倒置在一把凳子上”的第一幅作品。如下图：

后来人们视它为达达运动的先驱。达达主义最初受到未来派和先锋派的影响，很快又转为一种全面的虚无主义。它否定

一切价值观念：理智、科学、逻辑、宗教、政治、伦理、家庭，甚至语言和记忆都成了它攻击的对象。查拉（Tristan Tzara）曾这样说道，“让每个人叫喊吧：有一件摧毁性的、否定性的伟大工作要完成。清除吧，扫荡吧。”这段话很能代表达达派的意图。达达派主将阿拉贡则在一次报告会上激烈地声称：“不要画家，不要文学家，不要音乐家，不要雕塑家，不要宗教，不要帝国主义，不要无政府主义……不要军队，不要警察，不要祖国，完了够了，这一切蠢事，什么都不要，什么都没有，没有，没有。”①

达达派从本质上说是一批无政府主义者，用他们所能想出的各种手段批判政治和社会制度，嘲讽各种传统的伦理观和美学观。他们用垃圾作画，如杜尚给蒙娜丽莎的嘴唇上添上胡须，表明对传统经典的嘲弄和否定，他还将小便盆当作作品并题名为“泉”送到美术馆展出，把生活品提高到艺术品的高度加以肯定，打破了艺术与生活的界限，同时也彻底否定了艺术的神圣价值。如杜尚所言：“达达是一种虚无主义……一种摆脱思想状态的途径——避免受现实环境或是过去的影响，离弃陈词滥调，获得自由。”达达主义怀疑一切、否定一切。由于它采取这样的立场，在它宣告诞生的同时，也就宣告了它注定要自我毁灭（否定一切也就意味着否定自己）。当然，另一方面，达达也像一剂泻药，以其特有的“反艺术”行为，扫荡了已现飘摇、日渐衰微的传统美学观念和体系，为未来艺术的发展扫清了道路。1922 年，达达派成员布勒东在文章中号召他的伙伴们“抛弃达达”，决心要用对超现实有条有理的追求来取代虚无

① 转引自李夏裔：《超现实主义的起因及其主要理论》，《法国研究》，1985 年第 1 期。

主义的哄闹和反抗。到1924年，达达派实际上已经不存在了。1929年，就连查拉本人也加入了超现实主义的行列。

蒙娜丽莎　杜尚

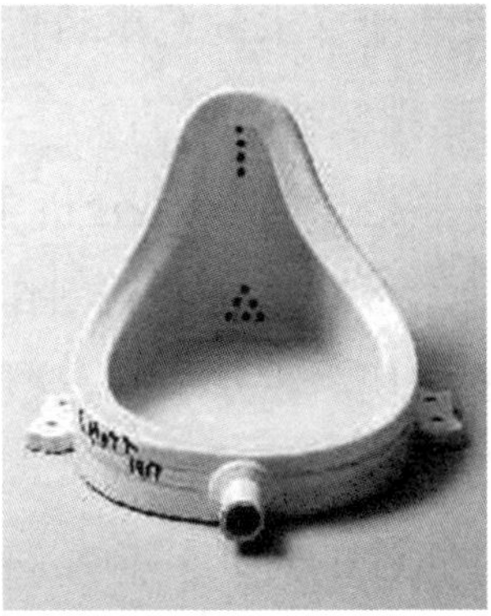

《泉》　杜尚

达达主义的出现，反映了一次大战前后欧洲一代青年在精神上的彷徨、苦闷和空虚，他们不知出路在何方，力图通过对旧的精神世界的破坏来求得新生。但看来，建设一个新的精神世界比单纯对旧的精神世界的破坏要难得多，所以，他们只进行了破坏。

法国超现实主义团体的正式组建是在1924年，其标志是于该年发表的、由安得列·布勒东起草的《超现实主义宣言》。

下楼梯的裸女　杜尚

安德烈·布勒东（André Breton，1896—1966年），法国诗人和评论家，超现实主义创始人之一。他在就读巴黎大学医学院期间接触到弗洛伊德的著作，其理论对他产生重要影响。1921年，他前往奥地利拜访弗洛伊德。这位精神分析大师似乎给他打开了一条通往新型写作方式的道路，追求自由想象，摆脱传统美学的束缚，将梦幻和冲动引入日常生活，以创造一种新的现实——超现实，成为他寻求的艺术目标。

《超现实主义宣言》一开头就十分明确地指出，超现实主义是在弗洛伊德精神分析学的影响下成立的，宣称无意识领域、梦幻和性欲本能是创作的源泉。他指出："应当感谢弗洛伊德的发现。由于相信这些发现，一股思潮终于形成了。借助于这股思潮，人类的探索者将更深入地进行发掘而不必再拘泥于那些粗浅的现实。想象将夺回自己的权力。"

在"宣言"中，布勒东给超现实主义下了定义："超现实主义是纯粹的精神自动主义，运用这种自动主义，以口头或文字或其他任何方式去表达真正的思想过程。它是思想的笔录，不受理性的任何控制，不依赖于任何美学和道德的支配。"

这里所提到的"精神自动主义"，实际上就是弗洛伊德的"自由联想方法"在艺术创作过程中的一种尝试和运用。

超现实主义小说的代表作品有：

1921 年，布勒东和苏波合著的《磁场》，是超现实主义第一部实验性的作品，首次提出了无意识书写和自动的写作的问题。布勒东的《可溶解的鱼》（1924）、《娜嘉》（1928）；阿拉贡的散文集《巴黎的农民》（1926）；艾吕雅的诗集《痛苦的都会》、《生活的内幕》；日本岛尾敏雄的《梦境中的日常》（1948）等。

超现实主义绘画的最重要代表人物是达利，他也是继毕加索之后对二十世纪绘画影响最大的人物，他在作品中充分表现了人幻觉和潜意识中的景象，给人以似真似幻的美感，而中后期作品更是突破了绘画的局限，打破了绘画、雕塑和建筑艺术之间的界限，从而构筑了一个完全个性化的绘画语言体系。他的想象力和作品的精美程度是许多画家望尘莫及的，而且他的艺术成就还涉及电影领域，同布努艾尔合作的先锋电影《一条安达鲁狗》中的大胆镜头和希区柯克的《爱德华大夫》中的梦幻潜意识镜头成为电影艺术中的奇葩。尽管他政治主张偏向于极端，个人带有偏执主义，但他在现代艺术中的地位是不容忽视的。同样是超现实主义画派，米罗的画风却同达利不同，他着重于以儿童似的幻想作为表现梦幻的方式，且手法随意和简单，却无不显示出幽默、单纯的个人风格，尤其是后期作品更融入了东方书法艺术的大气和神韵。

2. 超现实主义的理论

(1) 现实与梦境可以统一

超现实主义者认为，现实生活与梦境虽不对应但应当融为一体。《超现实主义宣言》中这样说道："我们相信那两种似乎矛盾的状态——梦幻与现实——将来会变成一种绝对的现实，也可叫作超现实。"[①]其实，超现实主义认为，"现实"固然是真实的，但它是一种外在的、浅表的；而梦幻也是一种真实，是内在的、深层的真实。所以，又说："我们一直试图把内部现实和外部现实看作趋于统一并最终变成一体的两个要素，这两者的最后统一乃是超现实主义的最大目标。"[②]

所谓内部现实，指的是潜意识、本能、欲望；外部现实，指受理性控制的思想。超现实主义秉承"自动"原则和"反逻辑"原则，力求突破合乎逻辑与真实的现实观，尝试将现

① 见《西方现代文论选》，上海译文出版社，1983 年。
② 见《西方现代文论选》，上海译文出版社，1983 年。

实观念与本能、潜意识与梦的经验相糅合，以展现一种绝对的或超然的真实情景。超现实主义运动以其充满幻想色彩和异国情调的奇特风格，对20世纪美学产生了重要影响。

后来，超现实主义者们发现，造成现实与梦幻相分割对立的东西是许多年来一直在西方文化中居于统治地位的理性主义。他们认为，想要求得内部与外部的真实，理性与疯狂的统一，找出一条贯穿它们的导线，就要学会突破狭隘的理性而把想象和梦幻渗透到日常生活之中，去那里寻得或激起“美妙”。而最能激起美妙的是爱情和诗。它们是把梦幻与现实统一起来的、达到绝对现实，即“超现实”的最有效的工具。

（2）无意识、本能、梦幻是创作的源泉

超现实主义认为，文学艺术是要在人的复杂性后面发现它的统一性，而现实表面不足以反映现实本身，只有无意识、本能、梦幻，才能到达到事物的本质，才是创作的源泉。因此，他们把一切理性的东西，如道德、宗教、社会，乃至日常生活中的经验，都看成是对精神、对人的本能需要的强制与桎梏。文艺创作只有摆脱这种束缚，才能获得精神的自由。于是弗洛伊德的精神分析学说成了超现实主义者们最信赖的哲学和理论基础。

（3）抛弃传统的文学形式

超现实主义尽管与达达主义有着根本的区别，但达达主义那种憎恶一切、否定一切的虚无主义思想在他们头脑中还是根深蒂固，所以，他们也想摆脱一切束缚，求得“彻底的自由”。

在文学上，他们十分鄙视传统文学，认为传统文学体现了传统美学、道德、政治和社会的观点，可以说都是维护上层阶级利益的偏见。超现实主义的任务就是要打破这些偏见，推翻理性思维和传统的写作方法，勇敢地去探索那个还未被人们普遍承认的本质和潜意识的力量，努力表现人性原始的、非理性的一面，以图彻底地摆脱传统的枷锁，创造绝对自由的文学，通过“精神革命”建立全人类的准则和“新精神”。他们还说，艺术的观念已经消亡，继之而来的是发现的观念。

3. 超现实主义的艺术手段

安德烈·布勒东努力探索“违反常理”的创作方法，提出“反抗的绝对性”、“不顺从的彻底性”和“对规章制度的破坏性”的原则。

（1）自动创作又称“无意识书写”

什么是自动创作？在“宣言”中，布勒东提到这种创作方法：“那时，我十分关注弗洛伊德，而且熟悉他的诊治方法，…我决意拿自己做实验。…我同菲利普·苏波一起来做试验，根本不管从笔下流出的东西能有什么文学意义……我们开始在纸上不假思索地、拼命地加快写下去，许多纸张都写了文章，当时我完全不考虑文学的任何效果。试验的第一天结束时，我们以这种方法写了五十多页，然后互相念给对方进行比较。总的说来，相似之处是突出的：结构上出现同样的瑕疵，下笔时十分动情并带有激情的幻觉，脑子里充满丰富的画面可选择，画面的品质之高出乎我们的想象，我们过去花费那么长时间也没得到如此品质且独具风格的画面，此外还时常夹杂着一些荒诞滑稽的话语，出现了用一般写作方法从未获得的特殊意象。”①

他们把这次试验所写的东西凑在一起，便成了超现实主义的第一部作品——《磁场》，这也是第一部“自动创作”的作品。

可见，自动创作就是这样一种创作方法，布勒东对此还特意加上一个小标题“超现实主义魔幻艺术的秘密”，并这样来描述它：先在最有利于使思想集中到其自身的一个地方坐好，然后准备好您写作的工具。尽可能使您自己处于最被动和最容易接受的状态。不要考虑您的天资，以及您和其他人的才干。要想到文学是通向一切的一条最幽暗的道路。不要预先想好主题，快速写下去，快得使您无法停笔，使您来不及产生作罢的念头。第一个句子单独产生了，它是如此的真实以致对于只想外露的我们的意识来说，它每一秒都是陌生的。……只要您愿意就继续做下去，要相信连续的低语有发掘不尽的潜力。只要稍微出些差错，比如说一个疏忽，您就面临着沉默的威胁，这时您要毫不犹豫地撇开一行过于明显的文字。如果您觉得某个词的出处靠不住，就随便放上一个字母，（比如说字母“I”）并随意将这一字母作为下一句的第一个字母。这就是“下意识书写”，它实质上就是布勒东说的“精神自动性”的一种表现方式，也是超现实主义者追求自由、解放人的创造力、摆脱教育和社会生活所造成的控制而去自由地思想和感知的重要手段。

下面两段文字来自于《磁场》，它们是这样写的：

“我们是水滴的囚徒，我们永远都只是动物。我们在无声

① 《超现实主义宣言》布勒东（法）袁俊生译，重庆大学出版社2010年版，第28—30页。

的城市里奔跑，令人喜悦的海报和我们再也没有关系。这些强烈的、脆弱的激情和这些欢乐的、枯燥无味的跳跃有什么用呢？我们从此只知道死去的明星；我们彼此相望；我们高兴地叹息。我们的嘴巴比干涸了的河滩还要干燥；我们的目光毫无目的、毫无希望地转动着。只剩下这些咖啡馆，我们在这里聚首，喝清凉饮料和掺水的白酒。这儿桌子上的灰尘比人行道上的还要多，我们夜间的死气沉沉的影子就落在那些人行道上。”

再看另一段文字：

“在这嘈杂的时刻，悬挂在树枝上的果实在燃烧。

流星的时代尚未到来。

单纯的雨倾斜在不动的江河上。在和流星接触之后，妇女们惶惶不安的眼睛闭上了好几年。她们只是把六月的天空中和公海上的挂毯翻转；然而却有从天而降的灾难和历史事件的富有磁性的声音。”

“一个人第二次复活了。他的记忆中载满了乔木状的回想，他让金河在那里面流淌；与此平行的山谷和荒芜的山峰比死火山口更寂静。他那巨人般的身躯遮蔽着黏糊糊的昆虫的巢穴和斑蝥的部族。”

从上文可见，这类作品在写作中实际上摆脱了逻辑、意向和已知事实的约束；词与词的组合、句子与句子的衔接都纯粹是偶然的和随意的。他们认为这种写作是在精神不受控制的状态下进行的，换言之是潜意识在支配着这一创作活动。他们也承认，对丁人的意识或者说按照人的意识所接受的标准，这些文字是缺乏条理、结构松散甚至支离破碎的，但却非常接近真实，而且是十分深刻、未受到损害的真实，因为它没有受到意识的篡改，保持了人的精神活动的原始面目。

但是，超现实主义者曾大力鼓吹和实践的“无意识创作”并没有获得预期的成功。首先，要想如超现实主义所说的那样完全排除精神的习以为常的积极活动是办不到的，尽管超现实主义者力图使他们的精神“处于最被动的和最容易接受的状态”，他们却无法阻止他们的判断力不时加以干涉和控制。他们会不由自主地考虑到文字的逻辑、修辞和风格等等。布勒东在给一位朋友的信中自己也承认：应当指出，即使在最不受支配的人的笔下，仍然可以发现某些麻烦。总是存在着最低限度的指导，一般说来总是想把文字变成诗歌的形式，这多少是实用主义的理智极力让我们这么去做，而我们却很难躲开它。”其次，“无意识创作”从它产生时候起便被超现实主义者视为探索潜意识的特殊手段和解放精神的有效方法。但是随着超现实主义者发现他们错误地相信了思想的绝对权威，错误地认为精神可以自己解放自己，“无意识创作”也就越来越没有市场和生命力。到三十年代末，超现实主义者差不多完全放弃了这种方法。

（2）对梦幻进行记录

另一方面，超现实主义也十分强调梦的材料的重要性。受弗洛伊德影响，他们坚信，梦是无意识被释放的王国，是思想自由的天地，它能够与原始的力量交流，从而摆脱社会强加给人的各种羁绊，揭示人们灵魂深处最不为人知的本质。因此，他们要用对梦的追述和追记来表现这个一直以来被人熟视无睹的王国，说是这样就可以把思想自由是个什么样儿端出来，让被理性禁锢着的庸人大吃一惊。

在超现实主义宣言中布勒东说道：“在做梦的过程中（一

般认为做梦是有过程的)，显然梦是不间断的，并且种种迹象表明，它是有条理的。只是记忆把删节梦的权利据为己有，而不考虑其中的相互联系，这样在我们看来，它与其说是一个梦，不如说是一连串的梦。现实也是如此，它每一瞬间都向我们显示出一些轮廓分明的映像，它们的相互联系则取决于我们的意志。”① “应该看到，我们没有任何根据来推测，梦幻的各个组成部分是非常零散的。恕我不得不在这里用一些原则上不适用于梦的用语。什么时候才能有熟睡者的逻辑学和哲学呢？我真想能这样睡觉，像信赖睁大眼睛读我的书的读者那样，使自己进入梦乡，以便在这种自发状态中，使我的思想的自觉节律丧失控制。也许我今天夜里所做的梦，就是昨夜做过的梦的继续，而它也将十分准确地在明夜继续做下去，是不是这样呢？正如常言所说的，无奇不有嘛！……难道我不应该认为梦具有一种有时连现实也不具备的特性，这就是梦的客观存在的可信性吗？这一点我有一个时期曾深信不疑。是不是也能利用梦幻来解决我们生活中的重要问题呢？这些重要问题在现实和梦幻这两种情况中，是否是一样的呢？梦幻中是否真的也有这些问题呢？梦幻真的比其他一切场合不易产生报应吗？我正日趋衰老，使我衰老的，也许主要的不是现实，而是梦幻……”②

这样，超现实主义的作家们把梦幻中发生的一切，用梦幻

① 作者原注：必须考虑到梦的周密性，通常我留下来的只是梦显示给我的它的最表面层。但我最喜欢分析在醒来时已经隐没起来的梦里面的东西，最喜欢审查过去的一天里所经历的，没有给我留下印象的事情，晦暗的叶丛，傻头傻脑的树枝。在“现实”中我也更喜潜入它的深处。

② 布勒东《超现实主义宣言》，见《法国作家论文集》，三联出版社，1983年。

般的语言记述下来，然后使之变为诗、变为小说以及戏剧等等艺术形式。如布勒东的诗《警觉》就是这样的：

巴黎的圣雅克摇摇晃晃
仿佛一株向日葵
额头有时碰到塞纳河，影子在拖船间悄悄滑过
这时候，在睡梦里踮起脚尖
向我躺着的房间走去
在那里我点起一把火
为了把我被迫同意的一切烧光
于是家具化作同等大小的动物，友善地凝视着我
有雄狮，椅子在它的鬣毛里变成灰烬
还有鲨鱼，它雪白的肚皮是发出最后颤动的被子
在那爱情和眼皮变成蓝色的时刻
我也燃烧起来……①

这样的诗如同梦呓般的喃喃，每一诗句单读起来似乎能够通过常理理解，但作为整首诗，你又会觉得句与句间非同常理，东一句西一句，之间缺乏逻辑联系，显得思绪飘忽、零乱。

不久之后，这种对梦幻追记追忆的方法也碰到了与无意识书写同样的问题，即在追记梦境时，作者是处于清醒状态的，是在理性的控制下，回忆本身就要压抑无意识的东西，而且回忆往往是不准确的，有取舍的。而梦境的记叙既然不真，释梦自然也就释不出究竟了。

---

① 转引自《西方现代派文学简论》，张冠尧译，花山文艺出版社，1985年。

（3）竭力追求神奇

超现实主义的美的理想是一种奇异之美。它来源于文字、声音、形象、物件和人的料想不到的相遇，“像一台缝纫机和一把伞在手术台上偶然相遇那么美丽”①，超现实主义对洛特雷亚蒙的这一诗句推崇有加。

在超现实主义看来，“惊奇”也是一种能力，它使人敢于创造前所未有的东西，敢于以新的方式使用力量，追求新的效果。“惊奇”一词实际上是比“美”更好，更包罗万象的词，充满惊奇的东西对人的想象力最具驾驭的力量。‘我们对都懂了的事物就不再惊奇’，而当我们不再惊奇的时候，也就不再理解。”②

超现实主义者通过意象的随意并置和意象的随意转换，通过玩“文字魔术”、打破语言常规，用一种所谓独特的语言现象来暗示他们表达的内涵，使诗歌变得神奇新颖、深不可测、奥妙无穷。

所谓的意象的随意并置，即在作品中把许多个相互之间毫无内在联系的意象随便地串在一起，组成一段话或一首诗，最典型的如布勒东的一首诗《爱之自由》：

我的妻有木柴火焰的头发
有闪电的思想
有沙漏的腰
有虎口里一只水獭的腰

① 引自程抱一《法国超现实主义运动》，《外国文学研究》，1983年。

② 参见《现代艺术哲学》赫伯特·里德（英）著，朱伯雄、曹剑译，百花文艺出版社1999年，第138页。

我的妻有帽章和最辉煌的星的嘴唇
有白地上白鼠的足迹的牙齿
有擦亮的琥珀和玻璃的舌头
我的妻有一个刺伤了的主人的舌头
有一个会睁眼闭眼的洋娃娃的舌头
有一块难以置信的石头的舌头
……①

这首诗全篇如此，意象成堆成串，但互不相干，互不相容。诗人想借此来激发读者的无意识冲动以达到神奇的效果。虽然个别意象新颖别致，但许多地方更似文字魔术。

所谓意象的随意转换，是指诗人把一个或几个意象随意转换成与之毫不相干的意象，造成突兀的怪异的艺术效果。如查尔斯·福特（美）一首著名的短诗：

元月包扎起他臂膀上的伤口
元月像小偷藏起
夕阳这珠宝——灿烂的、血色的时差
白天写成了一份赠品，一首诗
像马儿在夜之沟前逡巡不前
明天，这伤口将变成一只眼睛
一滴露珠将爬上他的面颊
像一滴改变了主意的泪珠

在这八行诗里，意象随意转换，句与句之间充满偶遇，难以看出逻辑关系，于是，神奇怪异的艺术效果幻化而出。诗人

① 转引自《西方现代派文学简论》陈慧，花山文艺出版社，1985 年

把正月里的天空转变为一只臂膀，一个小偷，把夕阳变成珠宝、时差，把白天转化为一份赠品，一首诗，一匹马，这些从一个意象向另一个意象的转化，出乎常情，虽然怪诞，但细想也不是毫无道理，如把太阳化为伤口之类，也许反映了诗人特定情绪下和特定场合的一种心境。但意象如果太随意，太缺乏逻辑和违背常理，就会十分费解了。

4. 超现实主义绘画、雕塑及电影

超现实主义的绘画、雕塑和集中于无意识冲动下偶发行动的表现，或者是追求荒诞的梦境的重现。在艺术处理上，常常把细节的任意夸张、变形、省略、象征的手法糅合在一起，违反逻辑地把毫不相干的物象加以暗示性的并列，创造出一种怪诞、神秘乃至恐怖的梦幻世界。

超现实主义绘画

代表画家：萨尔多瓦·达利（西班牙）、霍安·米罗（西班牙）、马克思·恩斯特（德）、马格利特（比利时）等。

此外，由于意大利画家吉奥尔乔·基里科原籍希腊的意大利人，形而上学画派的创始人）的绘画具有超现实主义的成分，因此超现实主义的画家承认他为自己的带路人、先驱。

基里柯（Giorgio de Chirio 1888–1978 意大利）

基里柯：“一个人必须把世界上的一切描绘成一个谜，并居住在这个世界里，如同居住在巨大而陌生的博物馆中一样。”

作品风格怪异，自称是采用了形而上绘画手法和造型方法。在他的画作中，奇特组合的物体给人的感觉有如睡梦中出现的最鲜明不过的形象，如无人的建筑、各种不同的石膏像，以及长长的日光影子等等，它们都被画得非常精确，具有很强的明晰性。他会有意识地将物体置于不合理的位置上，利用物与物的照应，表现出物与物之间新的关系，从而使这些东西超出了日常所见，其画面上如谜一般令人难解的感觉即由此而生。

人们可以从基里柯谜一般的画作中设想出超现实主义画家在这种幻觉中凭自身的直觉所认可的一切东西。不过应该指出，基里柯从不让偶然的精神自动性来指导自己，也不受迫切的情欲所摆布，他的作品是理性的一种表达，具有更多的哲学性，是形而上的。按基里柯的说法，真正的形而上绘画，是把事物从日常的伦理中分离开而造成的。

作品《扰乱人心的女神》（《令人不安的缪斯》）。

扰乱人心的女神　基里柯

（远景是斐拉拉的红色建筑），人工铺设的地板道上有两个时装模特。幽暗的中景里隐约出现一个女神的古典像。也许是在午夜，独自来到没有人迹的广场，会让人觉得很怪异，像回到古代的世界一样。这种以古代建筑物围绕的广场，本身就有一种非现实的感觉，再经过基里柯赋以单纯的形体和强烈的明暗变化，仿佛现代人突然置身于古代世界，让人觉得惊讶。这是由于不同的时空的错综，使人觉得不安，引起一种奇异的感受。

《一条街道的忧郁与神秘》

基里柯的画，是对不可能的一连串往事的回忆，在迷睡的静态中凝固下来的真实，画中的透视图有几个相互抵触的消失点，将很浓的阴影与强光作了戏剧性的强烈对比。

一条街道的忧郁与神秘

基里柯

在这幅画中，有种奇怪的不祥的气氛，在那里时间已经停止，各种奇怪的事情发生了：画面上看不见的著名雕像，投下很长的影子，一辆打开车门的四轮马车躲在建筑物的影子里；一个幽灵般的小孩在滚铁环，象梦游者被吸引着走一样；在静止的空气中，一面三角旗在神秘的微风中飘扬。观画者心中产生了一种自己会在噩梦中被禁闭的感受。每一种东西都太亮，亮得使人心慌，使我们急于想从这种不自然的光辉中摆脱出来。

米罗（Joan miro 1893——1983 西班牙）

米罗绘画的最大特点是：在萦绕着童年梦幻的创作过程中寻回自身的生活体验和思考。他让为我们再次编织童年的梦，用无邪的双眼，纯然的内心，寻回随着岁月渐渐隐去的美好过往。米罗有着一股不可抗拒的力量，这种力量来自他儿童般的真诚和信念。

创作上，下意识和无逻辑的创作贯穿于整个艺术创作的始终。丰富而离奇的想象力借以极度变形和符号化造型得以体现，以致他画作主题中的女人、小鸟、星辰等都是经过变形乃至符号化后的形象，而不再像传统绘画那样具象写真。

农庄　米罗

《农庄》创作于1921年，1922年完成。创作期间曾说道：《农庄》可说是我乡下生活的总结，从大树到小蜗牛，我想要把我所爱的一切都画上去。我个人认为，把一座山看得比一只蚂蚁重要是很不智的，因此，我花了无数小时去创作，想要让蚂蚁栩栩如生。

一个人用石头打鸟　米罗

《一个人用石头打鸟》是米罗的代表作之一。米罗相信梦的无限权威。他认为做梦的人或受麻醉品作用的人，往往在头脑中产生一种无限扩展的感觉。像米罗所采用的表达精神混乱状态的方法，是让人拖着一条很大的腿；头很小，并远离他的下部附加物。画家在这个奇怪的、催眠的梦的境界里，用鸟身上的红色与在飞的石头的白色闪光的尖锐的重音符号，来突然加强这个景象的力量。运动与行动的感觉则由散布在不那样平静的风景中的弹道轨迹线表现出来。

月亮下的女人和鸟　米罗

《月亮下的女人和鸟》

月亮、女人、鸟是米罗一生中极为喜欢表现的主题。月亮是夜晚的象征，总是伴随着星星在作品中出现。但是，在他全部作品中，女人与鸟的表现更为频繁。在米罗看来，女人就是鸟，鸟就是女人，因为女人和鸟有着共同的特征：她（它）们都有诱人的色彩、柔和的外表。都使人迷恋；女人的舞蹈与鸟儿的飞翔都同样优雅好看，声音令人陶醉；她（它）们又同具有另一种属性，如锐利的爪子、喜欢叫的尖嘴，贪图虚荣好梳理羽裳。所以，米罗笔下的女人与鸟几乎同属一种象征。

萨尔瓦多·达利（Salvador Dali 1904——1989 西班牙）

超现实主义绘画大师级人物。与毕加索，马蒂斯一起被认为是二十世纪最有代表性的三个画家。

年轻时的达利在美术学习中不但练就了作为一位画家所需的专业技能，同时还接触到了多种不同的艺术风格。20 世纪 20 年代末期，当他有幸了解到弗洛伊德精神分析的理论及结交了一群才华横溢的超现实主义艺术家时，他的艺术生涯才开启了一个新的辉煌历程。

1927 年，达利来到巴黎，在巴黎他见到毕加索并得到毕加索的赏识。之后他接受了弗洛伊德的学说并开始发明了一套“‘偏执狂临界状态作画法’，用无拘无束的自由联想所激起的意念，取信手拈来的物象或形状，或按其本意，或作假借，或取消任何意义，加以逼真刻画，或变形处理，或东拼西凑，造出如真似幻的非现实、超现实。”①

1938年，达利去伦敦拜见了弗洛伊德，后弗洛伊德在给达利引荐人复信中如此写道：“我真是要感谢你的引荐信，它把昨天的几位来访者带到我这里。因为，在此之前，我一直倾向于把那些似乎把我奉为圣人的超现实主义分子当作纯粹的(用谈酒的行话说，是95度的）疯子。那位西班牙青年以狂热崇拜者的天真眼神和无可否认的娴熟画技，已经是促使我重新考虑我的意见。用分析法研究此类绘画如何创作出来，或许的确是很有意思的。”

作为著名的超现实主义艺术家，他和他的伙伴们力图用自己的作品向人们证明：人的潜意识是一种超乎理性之上的更为重大的现实。萦绕于心头的“用手画成的梦的照片”（他本人说的)，不仅给超现实派输入一种新的客观性，而且也提出了新的题材与一种同个人幻想交往合理化的复杂方案。

达利在《保留的记忆》中创造了一种莫名其妙的软表，一片不毛之地的风景，一个奇怪的胎生动物(据说是他微睡的自画像)。三只软塌塌的变形的时钟给人们留下了深刻的印象。或许，现实中钟表是滴答

保留的记忆　达利

① 《西方艺术纵横谈》啸声 著，江西美术出版社，2012年，第284页

作响的，但在潜意识中却悄然无声；也或许，现实中表针不停转动，而潜意识里却永远地停留在某一骨铭心的瞬间；更或许现实中钟表是冰冷坚硬的金属所造，但潜意识中却可以温润柔软乃至弯曲变形……现实与梦境竟如此的别样。

《内乱的预感》　一九三六年，西班牙爆发了内战，它对整个欧洲的冲击是强大的，并且成了第二次世界大战的前奏。内战使大批无辜国民受到佛朗哥的血腥屠杀。一批旅居国外的西班牙艺术家对此残暴行径异常愤慨。毕加索以极其悲愤的心情创作了《格尔尼卡》，米罗也以《收获的人》等作品来进行声讨。

内乱的预感　达利

早在战前，达利创作了《内乱的预感》这幅名作。它如同充满血腥味的噩梦，湛蓝的天空被乌云布满，茫茫的大地上残破的肢体伸向天地，痛苦的面孔似乎在挣扎、嚎叫，山河破碎，惨不忍睹。达利说；“内乱的预感老是缠绕着，激发我创作的欲望。在西班牙内战前六个月我便画了《内乱的预感》。在撒满熟扁豆的地上，竖起一具很大的人体，其人体是手、脚、腕、脖相互交错。在战争爆发六个月前就给它起名为《内乱的预感》这完全是达利的预言。”达利对这幅画起到预言性的作用，感到很得意。实际上，它并不像毕加索和米罗的作品是宣传性的抵抗、呐喊，达利只是一个旁观者。他把西班牙的内战看成是性的“内乱”，是弗洛伊德自我食肉主义的一种典范。

《醒前一只蜜蜂飞自石榴而产生的梦》

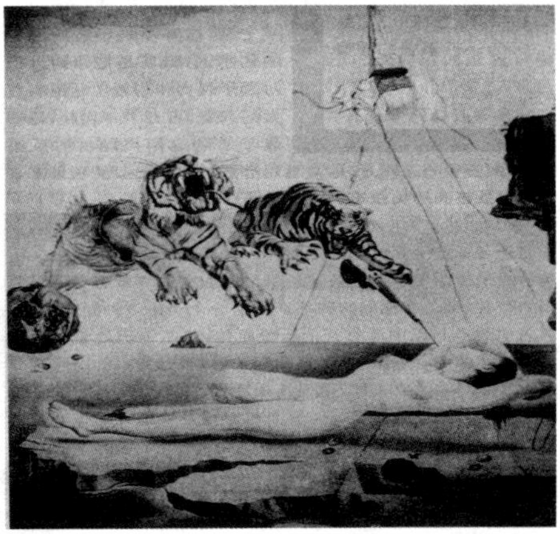

醒前一只蜜蜂飞自石榴而产生的梦

达利

达利在二次世界大战中另一著名的作品是《醒前一只蜜蜂飞自石榴而产生的梦》，这幅画可称为达利表现潜意识最为典型的作品。从裂开的石榴里跳出一条大鱼，鱼的大嘴中又吐出一只猛虎；猛虎的血盆大口中又冲出另一只猛虎，吼叫着张开利爪朝裸体的熟睡者加拉扑过来，一支步枪的刺刀尖已扎到她裸露的手臂上。远处的天空中，一只大象长着尖细而无限延长的腿，似乎要升入无限的高空去。梦者在即将醒来的一瞬间，一只蜜蜂从石榴周围飞过，那刺耳的声音使梦的末尾突然转变成这一连串恐怖的形象。酣睡者加拉似乎是在痛苦中辗转，力图摆脱这可怕的梦境。

达利对这幅画解释道：加拉因为蜜蜂的嗡嗡声而感到针刺的疼痛，故而觉醒。就在这一刹那间梦见了从裂开的石榴产生了创造生物学的所有现象。背景中长腿的象是象征着教皇和埃及方尖塔。这是我梦中的祝福之象、最深的潜意识的告白，我以最大限度来升高它的位置。我毫无选择地、尽可能准确地记录下我的潜意识……表达弗洛伊德所打开的这一黑暗世界……他对画面的这番解释或许在入梦时才能充分理解，但它与弗洛伊德的学说一脉相承是非常明显的。

马克斯·恩斯特（Max Ernst 1891——1976　德裔法国画家，雕塑家）

恩斯特被誉为“超现实主义的达·芬奇”，他在达达运动和超现实主义艺术中，均居于主导地位。他的作品所展现的丰富而漫无边际的想象力，对世界的荒诞之感，汲取自日耳曼浪漫主义和虚幻艺术的梦幻般的诗情画意氛围，令全世界惊异不已。他运用拼贴画、摩擦法、拓印法和刮擦法，不断更新着自己的表现手法致力于创造一个多变、彩色的虚幻世界，以便在观众中造成逻辑上的混乱，使他们受到奇特、意外的诱惑，为此被誉为具有颠覆性的创新艺术家。

“自动”绘画　一个雨天，住在离海边很近的一家旅馆里的恩斯特，无聊地瞧着地板时，看到在被打扫、擦洗得很干净的地板上出现了深沟，引起了他的胡思乱想。于是拿几张纸摆在地板上，用石墨在纸上摩擦，结果产生了一连串的素描。仔细看时，相互矛盾的各种形象伴随着幻觉接连不断地出现在眼前。他感到吃惊！由于好奇，他相继在树叶麻布等上面试验这种方法，出现了大海、洪水、岩石、地震、比赛场、晃动的植物、围着地球的餐桌、各种奇怪的动物，以接吻而告终的战争等等，这些形象完全排除人的意识，简直像梦幻中的景象。

超现实主义画派就是要以梦幻中的景象为依据，表现生活中无法出现的幻象，或者干脆根据偶然安排的对象为题材，把毫不相干的事物硬凑在一起。因为他们认为：人们都埋没于日常的常识和合理性之中，在这里不能超越常规，想象力没有振翅的余地；从十九世纪的实证主义得到启示的现实主义小说等，都是“平庸乏味”的，小说中的人物如同作家随意挪动的棋子；人们在逻辑理论的支配下，受健全判断力的监视；为了摆脱这种境况，必须利用弗洛伊德的梦的研究。梦与现实，表面上看是非常不同的两种状态，但不论哪一种都是“绝对”的现实，我们的目标就是要获得这种超现实的状态，而不受理性的任何制约。其手法，就是依据“自动记述法”来表现无意识，为表现无意识就要对梦加以注意；根据梦获得摆脱逻辑理论支配的强大力量，把这种力量放在觉醒状态中，就成为改变环境的手法；所谓改变环境的手法，就是把物体不放在应当放的地方，如同病人躺卧的手术台上却放着缝纫机和阳伞，这种奇特的配合一定使人惊讶，而这种惊讶就是“美”：这是超现实主义画派的指导思想，也是《超现实主义宣言》的实质。

恩斯特通过摩擦制作的作品，是属于绘画上的自动记述法，它所记下的奇怪形象来自无意识的信息，如梦如幻，具有超现实主义的意味。恩斯特发现摩擦法以后，在艺术体验甚至技巧中越发专心于“无意识”，从而成为第一位超现实主义的艺术家。

一九二四年从东方旅行回来的恩斯特，获悉布勒东发表了超现实主义的宣言，深为感动。他更加注重调动自己的无意识，并开始注意表现自己幼年时代的幻想。

被黄莺威吓的两个小孩子　恩斯特

《被黄莺威吓的两个小孩子》是他表达幼年潜意识最著名的作品，也是他拼贴画最成功的一例。木门和家，都从画面中凸出来，而那木栅的门似乎还可以开启。因此，画面显得非常现实，同时又具有极其非现实的空间—— 微型空间。

画面的天空中有一只黄莺飞着；地面有个散乱头发的女人，一边叫喊，一边跑着；旁边有个倒在地上的女孩；小房屋上面，有个男人抱着一个小孩，手伸向画框旁边的把手，似乎要赶快躲开。这种像舞台设计般的绘画，具有基里科的远近法和恩斯特幼年的体验，是一幅含有精神分析的作品。

雷尼 · 马格利特（Rene Magritte . 比利时人，1898——1967）

马格利特作品的风格是：场景是不做任何歪曲改变的真实场景，但事件与细节会意外组合，造成某种错觉从而产生奇特怪诞的神秘意味。

作品《欧几里得的散步》（1955）、《人的状况》、《自由的门槛》（见《20 世纪西方绘画》）

《欧几里德得散步》，他认为，形象与现实之间的游戏暗示出真实世界只是心灵的构造。这幅作品的真正魅力在于它给人一种威胁，让人们认识到不论是客观存在的东西还是主观的想象，都只能是幻觉或虚构（心灵的构造）。真实性及我们对它的掌握，看来已成为问题，我们已不再能对此发挥有效的力量了。

欧几里得的散步　马格利特

超现实主义雕塑

说到超现实主义雕塑，总显得有些勉强。超现实主义固然推崇自由，要摆脱理性、逻辑、现实的种种牵绊和束缚，雕塑家们却比较为难，他们得用实体去表现虚幻的潜意识，不像画家可以轻松地“虚”过去，故很难自由起来。又因其形式比之一般抽象雕塑或构成雕塑，很难说有什么实质性的差异，艺术史中也很少有人被定论为超现实主义雕塑家，尤其是搞雕塑出身的艺术家。

关于超现实主义雕塑，人们往往会提到阿尔普、贾科梅蒂、摩尔、莫莱·奥本海姆等名字。

云　阿尔普

在现代艺术史上，法国艺术家阿尔普（Arp 1887——1966）十分活跃，是达达主义和超现实主义运动的积极参与者。从30年代起，他全面转入雕塑创作。不同于加波的构成主义雕塑观念，他在雕塑创作上坚持体量。他用线条圆润、表面光滑、造型丰满且富于变化的抽象有机形，暗示自然界或幻想的生命体，创造了一种韵味优雅、品格单纯又有超然气象的雕塑形式。如阿尔普把浮动的云变成实体，置于大地之上，优美而奇幻。

贾科梅蒂（Alberto Giacometti 瑞士人 1901——1966）的雕塑生涯，有一段属于超现实主义。带有神秘和缠绵意味的《凌晨4时的宫殿》，是这一时期的出色作品。1935

年以后，他从梦幻世界转回到现实的人体主题。一种最终代表其雕塑风格的独特人物造型逐渐形成并愈益强化：骨瘦如柴、形容憔悴的细长躯体，悄然孤寂地、幽灵般地走在空旷之中。

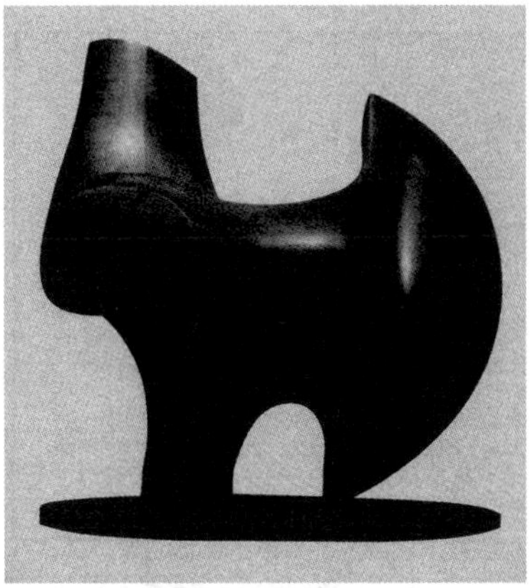
射手　摩尔

负有盛名的英国抽象雕塑家亨利·摩尔（Henry Moore 1898—1986）用直觉式创作方法确立了他艺术上的有机风格，显示了超现实主义的影响。他研究人体、卵石、骨头和植物等自然形态，从其形状与节奏中寻求启示，以成就自己的创作。譬如他爱把骨形用于雕塑，因为“骨头在形态上具有妙不可言的结构力量和强烈的紧张性。具有从一种形状到另一种形状的精妙过渡，以及多变的断面。”他很懂得在雕塑中利用虚实相生的原理，对“虚”在雕塑中的作用充分发挥。他把负空间看作实体的延伸，使“空洞”成为其作品的重要标志。他还以汇集不同形体的方式，来构成组合式的雕塑作品。

一批超现实主义画家，如恩斯特、达利、米罗、马格里特等，也参与过雕塑创作。他们普遍注重潜意识中的形体的表现，追求神奇性、非理性和偶然性效果。[①]

① 参见吕品田《自由空间的向往——西方现代雕塑》，岭南美术出版社 2003 年 5 月版

超现实主义电影

超现实主义电影属于欧洲先锋派电影运动中的一部分。在超现实主义电影中，表现的大都是梦和无意识，都是通过变态心理者的眼光所看到的零碎的片断，且对这些片断的衔接和安排也是混乱和无逻辑的，其目的在于表现心理的混乱。

超现实主义电影的代表作是达利与布努艾尔 1928 年合拍的短片《一条安达鲁狗》。

对于《一条安达鲁狗》，布努艾尔是这样描述该片的："在情节展开中，每一种理性的、美学的或其他技巧一类的念头都被排除了。结果这部片子按传统标准来看就是反造型、反艺术的。……它并不想复述一个梦境，虽然它借助梦境中行为的机械性来表现自己。"① 达利的艺术主张是："艺术是具体的非理性"。他们两人于是想通过这部影片中的梦境，去表现无意识的性主题。主人公想强奸他所渴望的女人，但他被两根绳子拴住，这两根绳子又拴在两个教士身上，两个教士又绑在两架钢琴上，每架钢琴里面还有一头腐烂的驴子。影片情节安排极为混乱，并出现了大量无意义可言的形象，如一只手从门缝中伸出，手掌上爬满了蚂蚁以及布努艾尔本人在影片中切割女人的眼珠，这些动作并未编入任何情节线索之中。

在早期德、法先锋派电影运动中对先锋派电影运动影响最大的当是超现实主义。后来希区柯克的《迷魂咒》、伯格曼的《野草莓》和费里尼的许多影片都受到超现实

---

① 转引自 P·西特尼《梦幻电影》，英文版，1978 年，第 4 页。

主义表现手法的影响。

超现实主义存在长达半个世纪，涉及了艺术的多种形式，小说、诗歌、绘画、雕塑、建筑、电影等，有着世界性影响。因此，在其他现代主义文学流派中常能或多或少地发现它的影响及痕迹。作为一个文艺流派它固然已经成为历史，但是它作为一种美学观点，一种风格，还将继续发生影响。

（二）表现主义（Expressionism）

表现主义发源于20世纪初的德国，至20年代中期，前后只经历了20多年，20年代中期，先后盛极于德国、奥地利、瑞士等欧美国家，它起于绘画领域，后来在音乐、文学、戏剧以及电影等领域得到重大发展，迅速地发展成为西方现代派文艺中的主要流派之一。

表现主义一词最初是1901年在法国巴黎举办的马蒂斯画展上，茹利安·奥古斯特·埃尔维一组油画的总题名。1905年至1906年在德国文化名城德累斯顿成立的第一个表现主义集团“桥社”，可谓表现主义的奠基石。1909年在慕尼黑成立了第二个表现主义集团“蓝骑士”社，表现主义作为一种重要流派登上画坛。

表现主义是对以莫奈为代表的印象主义画派的悖逆而出现的。他们不满于印象主义者注重外在的客观事物的描绘，认为“真实”只存在于主观世界中，因此要求突破或摆脱外界印象，直接表现作者的“主观现实”。他们表示，“世界存在着，仅仅复制世界是毫无意义的”。艺术“不是现实，而是精神”，“是表现，不是再现”。他们更多地受到康德哲学、尼采哲学，以及柏格森的直觉主义和弗洛伊德精神分析学的影响，十分强调艺术应当表现人的本质的东西和深藏在内部的灵魂。

需要说明的是表现主义只是悖逆于以莫奈为代表的早期印象派，而恰恰又是接续着晚期印象派出现的。早期印象派画家，如莫奈、雷诺阿等强调走到室外阳光下直接描绘景物，追求特定光线下色彩的变化关系，主张根据太阳光谱所呈现的赤橙黄绿青蓝紫七种色相去反映自然界的瞬间印象，这种印象应该说只是留在主观中的瞬间即逝的客观物象而非一定是画家主观思想感情的表达。而以塞尚、高更、凡·高为代表的后期印象派则不然，他们不再怎么关心客观物象如何而是要强烈地抒发那一刻滚动于心的自我的感觉，以自我的思想感情去改造客观物象，表现主观化了的客观。以凡·高的名作“星空”就可以感受到这种变化。这种对主观表现的强调恰恰成为西方现代艺术的基础，也是从这个意义上塞尚被誉为“现代绘画之父”。之后才有了表现主义、野兽派、立体主义等等总是游弋于自我心灵世界的各派艺术。

花园中的妇女　莫奈

星空　　凡·高

表现主义为了更好地表现主观意象和自我感受，他们必然寻求新的艺术表现手段。他们通过夸张的形状、反常的色彩，歪曲的线条、机械运动式动作，电报式精练语言……怪诞化的处理来表达被扭曲的心灵，从而宣泄内心的苦闷。因此，“他们的剧本大都把梦境、幻觉搬上舞台，甚至让野兽、怪物、僵尸、鬼魂登场，以表现人物的内心世界和作者的某些观念。使得戏剧荒诞离奇、结构散乱，场次之间缺少逻辑联系，情节变化突兀。”①

德国表现主义者库恩菲尔德说：“一切现实都是错误的，心灵着迷才能显现真理，”他们甚至认为：“现实必须由我们创造出来”（埃德施密特语）。绘画领域的表现主义大师康定斯基认为：艺术家那双“睁大的眼睛应该紧紧盯住自己的内心生活，他的耳朵应该常常倾听自己内心需要的声音。”②

研究表现主义的理论家R·N·弗内斯曾指出：“在任何关于表现主义前驱的描述中，讨论尼采都是必不可少的”，“正是尼采对自我意识、自主和强烈的自我完善的强调给了表现主义者的思考方式以最强大的推动力”③。尼采对超人、对强力、对激情和酒神精神的崇拜给了表现主义者以深刻的影响，他对人的创造力、生命力的歌颂、张扬，给表现主义打下了最深的根基。但尼采精神的另一面是上帝死后的虚无和焦虑。

在《快乐的科学》一书中，尼采问道：“我们将移往何方？要远离整个太阳系吗？难道我们不是在前后左右、在各个方向上蹒跚而行吗？有没有天堂、地狱？难道我们不是在漫步

① 《外国现代派文学导论》廖星桥 北京出版社，1988年，第248页。
② 《表现主义》R·N·弗内斯　中译本 第22页
③ 《表现主义》R·N·弗内斯　中译本 第8页

通过天际的空虚吗？没有宽阔的空间让我们呼吸？它没有变得更加寒冷吗？”

这正是尼采的矛盾：一方面张扬生命力和酒神精神，另一方面又虚无绝望、苦闷彷徨，寻找不到灵魂的归宿。应当说，尼采的悲观构成了其激情的内核，他对生命力的崇拜正是用以克服虚无感、焦虑感的手段。尼采的这两个方面都给予表现主义者以极大的影响：

表现主义者既充满了由价值失落而产生的巨大焦虑、虚无，又张扬激情以克服、缓解这类焦虑、虚无。这样，这种激情深刻地不同于浪漫主义的乐观主义的激情，也不同于文艺复兴时代、启蒙主义时代的张扬理性的激情，紧张、焦虑、绝望此类情感的极端状态构成了其激情的内核，同时也使得他们不得不采用极度的夸张、变形来传达之。弗内斯说：“哭号或呼喊在表现主义的艺术中如此常见，它并不一定是一种欢悦，而且也可能是蒙克在1894年他那著名的版画作品中所展示出来的发自存在恐惧的尖叫”①

表现主义绘画

直接对表现主义产生重要影响的是挪威画家蒙克（E. Munch，1863～1944），他被认为是表现主义的先驱。蒙克幼年时丧母，姐姐患肺癌病逝，妹妹又得精神病，这对其一生的创作有深刻的影响，悲观主义始终伴随着他。他曾问自己：为什么我与别人不一样？为什么我生来受到诅咒？为什么一定要来到这个世界？他还写道：

① 《表现主义》R·N·弗内斯　中译本 第10页。

“疾病和疯狂是守在我摇篮旁的黑色天使。在我儿时，我总感到对我是不公平的，没有母亲，疾病缠身，预示中的地狱的刑罚悬挂在我的头上。”① 他在留学法国期间，看过凡·高和高更的作品，开始探索以激烈色彩和扭曲线条，来表达他对悲惨人生的忧郁、焦虑、惊恐等心灵状态的可能性。他的绘画，对于德国表现主义艺术产生了决定性的影响，他成了“桥派”画家的精神领袖。评论家指出：“蒙克体现了表现主义的本质，并在表现主义被命名之前就彻底实践了它。”②

其他代表人物：诺尔德（Emil Nolde，1867－1956）、鲁奥（Georges Reault，1871－1958）、缪勒（Otto Muller，1874－1930）、马尔克（Franz Marc，1880－1916）、夏卡尔（Mare Chagall，1887－1985）等。

蒙克一生创作最主要的两个题材是死亡和爱情。其代表作：《呐喊》、《生命之舞》、《青春期》等。

蒙克自己曾叙述了《呐喊》这幅画的由来：

一天晚上我沿着小路漫步—路的一边是城市，另一边在我的下方是峡湾。“我又累又病，我站住眺望峡湾那边——太阳正落山——云被染成红色——像血一样——我感到一声刺耳的尖叫穿过天地间——我想我听见了这一尖叫的声音——我画下

① 《新艺术的震撼》罗伯特·休斯著 刘萍君等译 上海人民美术出版社第243页

② 《新艺术的震撼》罗伯特·休斯著 刘萍君等译 上海人民美术出版社第246页。

了这幅画——把云画得真的像血一样。那色彩在尖叫。”[①]——这就是‘生命组画’中的这幅《呐喊》。在这幅画上，没有任何具体物象暗示出引发这一尖叫的恐怖。画面中央的形象使人毛骨悚然。他似乎正从我们身边走过，将要转向那伸向远处的栏杆。他捂着耳朵，几乎听不见那两个远去的行人的脚步声，也看不见远方的两只小船和教堂的尖塔；这是一个看上去已被自己内心深处极度恐惧彻底征服了的人，其形象被高度地夸张：那变形和扭曲的尖叫的面孔，完全是漫画式的。那圆睁的双眼和凹陷的脸颊，使人想到了与死亡相联系的骷髅。这简直就是一个尖叫的鬼魂。

《呐喊》　蒙克

“只能是疯子画的”，蒙克在该画的草图上曾这样写道。

内心世界的痛苦、绝望和挣扎，生命力遭受压抑的凄惨和尖锐的呼喊，跃然画面被和盘托出。

表现主义文学

表现主义绘画激起了表现主义文学的形成，诗歌、小

① 《爱德华·蒙克》，Thomas M. Messer 著 Harry N. Abrams，INC，Publishers，NewYork，第 84 页。

说在绘画的影响下，都有了自己的发展和成果。

小说领域最具代表性的当属奥地利作家弗兰兹·卡夫卡（Franz Kafka 1883－1924）。其主要作品有《变形记》、《审判》、《城堡》等。

卡夫卡出生于奥匈帝国统治下的布拉格一个犹太商人家。卡夫卡对靠艰苦创业起家的父亲又敬畏又崇拜，一生都活在强大父亲的阴影下。大学期间先是学习德国文学，后在父亲的压力下改学法律终获法学博士，毕业在保险公司就职。工作的无成就感，父亲的强势，三次订婚却未成始终单身，人民的苦难，时政的黑暗加之犹太人身份的被歧视，等等这些，都在某种程度上造成了他性格的孤独和忧郁，痛苦和压抑也许是他体会最多的情感了，年仅 41 岁的他便因病离世。生前在大学结识的文学好友马克斯·布洛德的鼓励下开始写作，他从未想成名，只是写给自己以宣泄内心淤积之苦闷。就在他临终时还留下遗言，嘱咐好友布洛德要将之作品“毫无例外地予以焚毁。”当然布洛德违背了他的意愿将作品留了下来并整理出版，于是我们才有幸看到了它们。

卡夫卡在他的作品中创造出一种把荒唐无稽的情节与绝对真实的细节描绘相结合的独特艺术手法，用来表现现代世界的荒诞、无理性以及人与人之间的淡漠冷酷，个体生命的孤独无靠等让现代人感到万分困惑的时代问题。《变形记》可以说就是一部这样的典型作品。

小说内容大致如下：

一天早晨，当公司推销员格里高尔·萨姆莎从烦躁不安的梦中醒来时，发现自己在床上变成了一个巨大的甲虫。全身长出了许多细小的脚，说话的声音也有了些许变化，声音里参杂了一种来自下面的，未被压低的虫声，但是他依然保有着人的理智。他想到自己还要赶着早晨5点的火车去出差，若是耽误了就有被解雇的危险，他几次试图下床赶去上班但没有成功。公司秘书主任因为他没去上班找上门来他不敢开门。主任隔着门对他说，因为他不上班经理怀疑他有贪污问题，父亲、母亲、妹妹都来叫他，他只好拼力从床上滚下来爬到门边，用牙齿扭开门锁。当人们看到出现在他们面前的是一只巨大的甲虫时，吓得惊叫、退逃，母亲晕倒，父亲则用手杖将他赶回屋去，致使他被门口挤伤流血。妹妹一开始同情他，为他送饭、清扫房间，但他越来越像甲虫，喜欢吃腐食，总是躲在沙发下或倒挂在天花板上。不能再工作的他越来越成为家人的包袱，家里生活因为他也越来越困难。妈妈和妹妹的首饰都卖了，格里高尔心里很难过。时间一长，连妹妹也由开始对他的同情变为对他的厌恶，要求“一定把他弄走”。其实在他已被认为是一家人“一切不幸的根源”时，他自己想死去的心一点也不比妹妹差，他不再进食，终于在孤独、苦闷中悄悄死去。全家人由此卸下了包袱，感到 轻松愉快。

卡夫卡在故事中深刻而生动地描绘了资本主义社会中人的“异化”现象。在生活重担的压迫下，人变成了一只大甲虫。表面上看十分荒诞，但在资本主义世界中由于人被自己所创造的物，如机器、金钱所操纵所控制，而成为其奴隶，成为不再能支配自己、掌握自己命运的“非人”，这种现象比比皆是，而这种“非人”又和动物有什么区别呢?

将令人难以置信的离奇事件置于真实的无可挑剔的生活细节中，梦魇般的一幕幕情景却又似现实中处处可见的画面，荒诞的虚幻与本质的真实，亦虚亦实，虚实结合就构成了卡夫卡式小说重要的艺术特色。

总的说来，小说的人物和故事都是现实生活的异乎寻常的变形或扭曲，并力图从扭曲、变形中去挖掘人们精神的深层世界，透过这些让人们感受到强烈的社会情绪，复杂的内心体验和心理变化，揭示工业社会的异化现象和人失去自我所带来的严重的恐惧与彷徨、孤独与无助的危机感。

诗歌方面，其主题多为厌恶都市的喧嚣，或暴露大城市的混乱、堕落和罪恶，充满了隐逸的伤感情绪或是对“普遍的人性”的呼唤。形式上多是自由的形式、强烈的节奏，不重细节描写，更强调表现诗人个人的主观精神和内心激情。

代表人物有奥地利的特拉克尔（Georg Trakl）其代表作《寂寞者的秋天》、《童年》；德国的海姆、贝恩等。

表现主义戏剧

表现主义戏剧内容荒诞离奇，结构散乱，场次之间缺少逻辑联系，情节变化突兀，往往鬼魂与活人同时出现在舞台上，生与死、梦幻与现实之间没有明确的界线。语言上多用简短、快速、高声调、强节奏的冗长的内心独白来表现人物的思想感情。剧中人的语言往往像电报似的短促而不连贯，充斥口号式的套语和声嘶力竭的喊叫，同时会大量运用灯光、音乐、假面等来补充语言的效果。

代表人物有瑞典的斯特林堡、德国的托勒尔、美国的奥尼尔等。

奥古斯特·斯特林堡（Johan August Strindberg，1849 年——1912）瑞典作家、戏剧家。

从他的四卷本自传体长篇小说《女仆的儿子》中可以看到作者的童年生活十分不幸。母亲曾是他父亲的仆人，可能是导致斯特林堡生性敏感脆弱，具有自卑与反抗的双重性格的主要原因。他以后的生活也很不称心，潦倒漂泊，几次婚姻均以失败告终。生活上的不幸给他的精神造成极大的创伤，严重地陷入变态心理，后半生处于半癫狂状态。这使他较容易接受叔本华、尼采和弗洛伊德的非理性主义思想，在作品中带上了浓重的悲观主义和神秘主义的色彩。

代表作：《一出梦的戏剧》被认为是表现主义戏剧的开山之作。

《鬼魂奏鸣曲》斯特林堡的代表作。此剧主题深刻，想象奇特、形式富有独创性，堪称表现主义戏剧的经典之作。

该剧写一名有正义感的“大学生”（没有姓名，象征纯洁）有一次偶尔进入了一所华丽的住宅（象征罪恶的世界），于是奇迹般地遇到了“老人”、“上校”、“木乃伊”、自己的未婚妻等各色人物。作品通过怪诞离奇的形式痛快淋漓地表现了登场人物之间的几十年的恩仇纠葛。

无情地揭露了他们温文尔雅、花言巧语背后所掩盖的丑恶灵魂（夫妻背叛、朋友欺骗），展示出尔虞我诈、钩心斗角的世态真相。作者笔下的人间是人欲横流、罪孽深重，被无尽的痛苦包围的世界，贞洁的爱情、忠诚的友谊是找不到的，有的只是自残、欺诈，就连死了的人也还忘不与活人争斗。但在作品中作者没有给生活全部涂上黑色，而是露出了一点光明。那些罪恶深重的人相继死去，寄希望于纯洁的大学生身上，在戏剧的结尾处祈祷在未来的世界中能找到阳光，建立真正友爱的家庭，真正的友谊，纯洁美好的爱情。

该剧在艺术上大胆创新，摒弃了现实主义的传统手法，让活人、死人、鬼魂同时登台表演，使全剧气氛神秘恐怖、情节怪诞离奇，使人感到耳目一新。

斯特林堡的戏剧经历了从自然主义到表现主义再到象征主义的几次转变。他的戏剧作品并不关注对外在生活的忠实反映，也不以严密的逻辑见长，而是专注于表现强烈的内心情感和真切的主观体验，想象奇特、不羁，深刻地揭示了人类的基本天性，表现了作者对人生、对人的生存状态的独特感受，对后来的欧美戏剧发展产生了重大影响。

尤金·奥尼尔（Eugene O'Neill 1888–1953）

美国著名剧作家，被认为是美国民族戏剧的奠基人。有评论说："在奥尼尔之前，美国只有剧场；在奥尼尔之后，美国才有戏剧。

主要作品有：《琼斯皇帝》、《毛猿》、《天边外》《长夜漫漫路迢迢》等，1936 年获诺贝尔文学奖。

奥尼尔的戏剧师承斯特林堡和易卜生的艺术风格，把传统的现实主义手法和现代的表现主义技巧结合起来，开掘人类心灵的底层。作者一生最关注的主题，是人在外在压力下性格的扭曲，乃至人格的分裂过程。作为现代悲剧作家，他的大量心理悲剧既烙下了现代各种心理分析学（尤其是弗洛伊德主义）的印记，又沉重地渗透着古希腊的悲剧意识。1936 年，"由于他那体现了传统悲剧概念的剧作具有的魅力、真挚和深沉的激情"，奥尼尔获诺贝尔文学奖。

《琼斯皇帝》黑人琼斯原是一个美国铁路工人，因赌博是失手打死人入狱。因不堪忍受白人狱卒的毒打，用铁锹将狱卒打死越狱潜逃。后来到西印度洋的一个岛上，靠欺骗成了一个暴君。终因人民不堪忍受其残暴奋起反抗迫使琼斯出逃并企图穿越森林逃跑，结果被追捕者杀死。

全剧不分幕，分为八场，鼓点声贯穿全剧，变化不断，推动着剧情的发展，也形成了强烈的戏剧效果。如第二场中，琼斯逃到他事先藏好过食品的小路上时，在激烈、急促的鼓点声催促下，又累又饿的他烦躁不安、阵脚大乱以致无法找到藏食之地，不得不继续奔逃。到了第七场，在震耳欲聋的鼓点声中，琼斯恐惧地伸开双臂趴在地上呻吟，昔日皇帝的威风全然不见。剧中对琼斯森林中恐惧的心理，恍惚的神情和下意识的行动，以及在这种情况下出现的种种幻象等的表现，都具有典型的表现主义的创作特征。

《毛猿》是奥尼尔以表现主义手法创作的一部代表作。

作品主人公扬克是一艘远洋轮船上的司炉工，以身强力壮得到同伴的敬畏而自豪，但却遭到旅客中一个有钱女人的侮辱，把他看作毛猿。一气之下，他离开轮船到处去寻找自己的生活地位。他找到工人组织求助，却遭到臭骂和毒打。他要求警察把他抓起来，警察问他是什么罪名？他说："我出生在世界上啦，懂吗？真的，那就是罪名。"警察大怒，叫他滚到地狱去。扬克十分悲哀，感到自己以被人类抛弃。

别无选择之后，他来到动物园，希望与大猩猩为伍，没有想到却被拥抱他的大猩猩勒得肋骨折碎而死。

杨克的遭遇反映着人的悲剧：一方面人从猿进化而来，使自己脱离了动物界，在不断征服世界和改造世界的活动中，逐渐成为世界的主人。但另一方面人却又越来越成了自己所创造的世界的奴仆，失去了作为主人的自由感，如同当今我们被自己发明创造的高科技机器所绑架，离开电脑、离开手机就无法工作，生活便陷入惶惶不可终日之中一样，仿佛在新的意义上我们回到了人的出发点，变成了猿。

用奥尼尔的话说：扬克的确是你，是我。他代表着每一个人，他试图寻找归属，我们都在拼命地寻找归属。

表现主义电影

代表作：《卡里加里博士》（Das Cabinett des Dr. Caligari　1920 年）

德国表现主义电影诞生于 1920 年 2 月 27 日，其标志是《卡里加里博士》首次上映。

《卡里加里博士》属于首映后不久就被奉为经典的影片，1920 年时就被认为是一个时代的代表作。不断有人对这部电影进行剖析，但是没有人模仿它去拍摄电影，当时的时代背景决定了它所体现的美学思想残酷而极端。

《卡里加里博士》在叙事上通过富有创造性的主观表现，让摄影机走进人心，见证心灵的奇幻与疯狂。影片被如此评价道："即使在今天，电影叙事也没有能够普遍地取得这样出色的成就"。

故事开始于男子的自述，他梦魇般的回忆叙说着自己亲身经历的恐怖事件：谋杀、凶案、惶恐不安的人心，……一个具有神秘力量、身兼心理学博士和杀人狂双重身份的卡里加里，诸如此等残忍与急躁、幻想与疯狂相混合的心理状态和生活状态。

作为表现主义电影的代表作，《卡里加里博士》的特色并不仅在于情节的荒诞，而主要反映在布景、服装、化装以及画面的独特效果上，其画面和布景都有强烈的视觉效果和象征意义，如画在幕布上的简化布景、明暗鲜明的强烈对比、奇形怪状的几何图案突出棱角和线条等等，最大限度地渲染了画面阴森恐怖的气氛。这部影片的表现手段对以后的电影影响颇大。

《卡里加里博士》剧照

电影的形式与风格

表现主义电影非常强调单独镜头的构图，他们认为每一个镜头都是一种创造视觉的构图，为此在构图和布景上下足了功夫：导演们十分注重具有象征意味的造型，布景设计会被看成是主导角色人物心理特质的一部分，而对环境的渲染被看成是对人物行为和灵魂的“解释”。所以影片的节奏通常比较缓慢，能让观众从中能细细体会。构图上他们经常摒弃常规的影像形态，采用歪斜不规则的画面线条、扭曲变形的空间，倾斜、颠倒的影像，明暗反差很大的灯光效果，有时候连影子都成为设计的重点。此外常常使用人物特写和富有象征意义的空镜头，认为使用特写可以起到“放大”表演的作用，从而使戏剧性得以增强。再就是主观镜头也是表现主义常用的手法，即以剧中人物的视角“目击”生活中的人、事、物等场景，目之所及代表了剧中人物的主观印象，带有明显的主观色彩。表现主义艺术家不注重客观写实而更强调表现“主观的现实”。

演员的表演

表现主义的表演一般都十分夸张，基本放弃了写实主义的表演方式。演员的表演方式大都是不自然的，跳跃的、舞蹈般的动作，并竭力显示其变形或扭曲的表情，当然这种表演通常是与场景、情节相搭配的。

题材和类型

表现主义电影最常见题材是关于灾难、犯罪、恐怖的题材，艺术家们更多的是从社会的阴暗面中去寻找和挖掘素材进而挖掘题材。挖掘到内心深处的孤独、残暴、恐怖、狂乱的精神状态时，表现出来的便往往是荒诞离奇的内容，散乱的结构，变化突兀的情节，类型化的人物，常常是活人与鬼魂同时出现，穿梭于梦幻与现实、生与死之间。导演们就是力图透视那些狂乱行为背后的深层动机和原因，用主观化的影像风格来反证社会事实，使作品更具社会意义和社会价值。

表现主义音乐

表现主义音乐的创立者是奥地利音乐家勋伯格，他的学生贝格和韦贝恩则加以继承和发挥。勋伯格是一位具有大胆创新的作曲家，他的作品曾经引起过很大的争议。他首创了“十二音体系”的无调性音乐，并且培养了许多“十二音体系”的作曲家。他对音乐所进行的重大的、具有划时代意义的改革，影响了一大批年轻的作曲家。奥地利艺术理论家埃伦茨维希在自己的著作中对勋伯格有很高的评价，“认为他不仅是一位卓越的现代音乐创作大师，而且是一位对深层心理具有高度直觉的音乐理论家，特别是在现代和声学领域。”①

表现主义音乐完全无视传统音乐的调性规律，根本否定旋律，它以紊乱的旋律线，强烈的不协和弦以及无调性音阶来达到歪曲现实世界、强调自我感受、自我专注的目的。它还反对“音乐有任何标题；以标榜艺术的无目的性和纯粹性”。它所表达的盲目反抗情绪同表现主义绘画一样，最后堕入宗教的神秘主义或是崇拜原始生活的乌托邦主义。我们应该注意到，表现主义音乐中不协和弦的运用，大大丰富了音乐用以表现现代人充满矛盾和戏剧性的心理冲突，表现现代社会的律动以及远古世界与未来世界的神秘的能力。

《期待》是一部表现主义的独幕歌剧，也是历史上第一个放弃调性与协和的歌剧，其题材和形式都异常奇特。描写了一个被情人遗弃的精神崩溃的女人穿过幽暗的森林寻找情人却发现了被杀情人的尸体，音乐展现的情节隐约地暗示似乎这个可怜的女人就是凶手的前前后后的可怕经历。勋伯格要求演出时“要使听众了解她在森林中充满恐惧，整个演出要使人不失去一场噩梦的印象”。

---

① 《现代西方音乐哲学导论》于润洋著，湖南教育出版社，2001 年，第 349 页。

《一个华沙的幸存者》（为朗诵、男声合唱和管弦乐队而作）是勋伯格一生创作的最重要、最成功的作品之一。它成功地运用了“十二音体系”的现代音乐技法。乐曲中那带有强烈刺激性的不协和音响，把法西斯残害犹太人的惨绝人寰的暴行描绘得淋漓尽致，具有强烈感人、惊心动魄的效果。

表现主义建筑

1910年—1925年之间德国的建筑界受绘画的影响出现了表现主义浪潮。“这类建筑实际上是现代建筑思想中反古典主义、追求简化的趋势与新艺术运动中广泛采用的有机形式的结合而产生的。”[①] 个人创作观念在建筑师们的作品占有重要的位置，他们尽情地发挥着自己的想象力，力图使建筑本身成为一件巨大而美妙的艺术作品而不是一个机械的空间或者一种纯粹功能性的结构。如汉斯·伯尔齐格（Hans Poelzig 1869—1936），他设计的柏林大剧院（1918—1919，已毁）室内设计运用了新颖的钟乳状构件。剧院观众大厅的天花吊顶被设计成悬吊下来钟乳石状的饰带，让人们有一种犹如置身于喀斯特溶洞之中的感觉。而艾力克·门德尔松（Eric Mendelson，1887—1953）设计的波

爱因斯坦的天文台
艾力克·门德尔松

① 《现代主义艺术20讲》马永建 著 上海社会科学出版社2005年，第159页

茨坦市的爱因斯坦的天文台（1919－1920已毁），建筑外观设计成一种独特的没有棱角的流线型，使它看上去像个巨大的抽象雕塑。

第三章

柏格森的生命哲学、直觉主义与现代主义艺术

亨利·柏格森（Henri Bergson. 1859-1941 **法国）**

柏格森

柏格森是20世纪最重要的法国哲学家，对法国思想有着相当大的影响。1859年出生在巴黎一个犹太音乐家的家庭。19岁考入被人称为哲学家摇篮的巴黎高等师范学校。毕业后在中学作哲学教师。1889年出版第一部哲学著作《时间与自由意志》，获哲学博士学位。1898年他受聘于母校任教，1900年在法兰西最高学府法兰西学院担任教授直到去世。他凭借自己才华横溢的写作和讲演

在当时就获得了轰动效应，他的讲课不仅吸引了学术界的人士，就连一些追随时尚的巴黎上流社会的人物也被吸引前去听课，这使他名声大振，其影响超出了哲学本身，影响到文学、艺术、宗教各个方面，以至一度出现了“柏格森热”。1927 年因他的《创造进化论》一书被授予诺贝尔文学奖，文学奖授予以哲学著作为主的人，在整个颁奖史上并不多见。1908 年的获奖者德国的哲学家倭铿（Eucken1846-1926）是第一位；这是第二次。所以当时人称“哲学家再次闯进文学圈”。获奖的理由是：由于其丰富而生气勃勃的思想及表达的卓越技巧。《创造进化论》是“一篇震撼人心的雄伟诗篇，一个含蕴不竭之力与驰骋天际之灵感的宇宙论”，“他亲身穿过理性主义的华盖，开辟了一条通路。由此通路，柏格森打开了大门，解放了具有无比效力的创造推进力……向理想主义敞开了广阔无边的空间领域”。

主要著作：《创造进化论》、《时间与自由意志》、《物质与记忆》、《笑的研究》、《形而上学导论》等。

柏格森曾说，真正的哲学家一生所讨论的只是一件事，对他来说是件什么事呢？这就是：扭转思想活动的习惯方向——即按照理性思考问题的习惯。他强调研究人的非理性领域的精神活动，把自叔本华、尼采以来的非理性主义思潮推向了高潮，从 19 世纪直奔 20 世纪，从哲学影响到历史、文学和艺术，演变成颇具声势的大潮流。直到今日，我们仍然可以时常感受到这个潮流的涌动。

一、生命哲学

柏格森的哲学被称作生命哲学，这样的哲学同以往的哲学有何不同呢？生命哲学认为哲学的意义并不在于关注世界的本体、本质而获得知识或真理，而在于通过对生命的思考满足人对自身生活的意义和价值的渴望。它突出强调“生成”（be - coming）和发展的观念以及生命自身的价值，认为世界及生命都是一个不断变化、创造的过程，自由创造即世界及生命的本质所在。

（一）“生命之流”（生命冲动）

柏格森批判传统形而上学，以图建立一种新的形而上学。柏格森认为，世界永恒运动的根本原因既不是物质的机械作用，也不是某个终极存在的设计，而是“生命之流（生命冲动）”的创造。在他看来，永恒变化、生成、流动的生命冲动，不仅是有机体的内在生命力也是宇宙的内在的生命力，我们可以在万物身上，尤其是在我们人类身上，通过心灵的直觉而体验到生命冲动所喷发出来的力量。

对于“生命冲动”柏格森有两个比较生动的比喻：1）生命冲动如同一条无底无岸的河流，它只是不停地流动着，我们见到的任何河流都无法与它比较；2）生命冲动如同一颗炮弹，它在炸成碎片之后，每一个碎片又变成一颗新的炮弹再爆炸，它不断地爆炸，不断形成新的生命。生命冲动不仅创造了万物，而且促成了万物的进化。生命冲动向上喷发，即它的自然运动，产生一切有生命的形式；反之，生命冲动向下坠落即它的自然运动的逆转，产生出一切无生命的物质。

（二）“绵延”

柏格森在《时间与自由意志》中提出了他全部学说中最基本（核心）的概念——绵延。世界的本质是什么？柏格森回答是生命冲动，是绵延。在柏格森看来，生命冲动本身就是一种绝对的流动连续性，它不可分割、永无中断，所以也即绵延。它生生不息，不停地创造着新的东西。要想真正把握这一世界的本质，就不能再用过去实证科学把握空间中的物理的方法，而必须用真正的时间来把握。那么，什么是柏格森所说真正的时间呢？

在柏格森看来，时间有两种：科学（或物理）的时间和真正的时间。

科学的时间一直被人们视为测量物体运动的标尺，需要借助空间来计量，它把空间分割成一块块独立的、连贯的单位，时间则是由一个个前后相继的同质的瞬间所构成，现存的一分钟或一小时，与在此之前或在此之后的一分钟或一小时是完全相同的。它是用空间的方式去把握时间，把时间空间化，变成可以分析、可以度量的东西。例如我们把一天分成 24 小时，把 1 分钟分成 60 秒，在这里每一个时间单位都是同质的，没有什么区别，柏格森认为这并不是真正的时间，即它不是生命的时间，而是科学的（物理的）时间。

真正的时间是那永远流动着的又永远变化着的绵延，它是存在于人的意识中的内在时间，也称主观时间。它是生命本质异质性的延伸，而不是可以度量的、由同质同量的单位组成的科学的时间。作为真正的时间的绵延是一个不可分割的整体，它如同一段音乐，当我们试图用理智将它区分成一个个音符时，绵延被打破了，音乐实质上也就没有了。所以真正的时间即绵延不掺杂任何空间要素而是从生命本身来把握的，是与生命的活动交融在一起的，离开生命离开内心世界就没有意义；而“真正”的自我也必是与这种“真正”的时间相关的自我。

比如，我们有时候刚看完表，又有人问你几点了，你只好再看一下，因为你第一次看的时候没有关心是几点，你想的是上课是不是迟到了，上个厕所是否还来得及。这个时间是关乎于自我的、与生命活动交融在一起的时间，按柏格森说这才是真正的时间，这种内在的主观时间的长短与手表的客观计量时间没什么关系。如我们手上的手表同样走过了的一个小时，在火车站接站等人的你会觉得时间如此漫长；而在和恋人约会的你会觉得时间如梭。手表上同样的一小时，主观的时间长短却大不一样。

受进化论理论的影响，柏格森在用生命冲动来解释世界本原时，特别突出了生命冲动所具有的变化生成的连续性，并创出“绵延”这个新概念加以表达。

柏格森并没有给出绵延的精确定义，他也认为“绵延”是比较难于把握的一个概念，难以准确地定义它。从柏格森的阐述中，我们可以看出“绵延”大致有以下几层意思：

第一，绵延是绝对的、没有间断的连续性。

“绵延是入侵将来和在前进中扩展的过去的持续推进。从过去在不断增长的时候起，过去也就无限期地保留下来。”[①]在绵延中，过去、现在、将来互相渗透，浑然一体，没有截然分明的界限。它“既是变化不拘的运动，又是不可分割的连续。有如生命包含许多不可拆离的部分，又是一个完整的有机整体。”[②]

绵延是真正的时间，是时间之流。这种时间是一种纯粹的不间断性，它不像人们通常理解的可以用钟表来计量的时间。

---

① 《创造进化论》柏格森著，商务印书馆，2004 年，第 10 页。

② 《塞尚与柏格森》尤昭良著，广西师范大学出版社，2004 年，第 153 页。

第二，绵延是质的连续变化，而非量变，是连续性和异质性的统一。它是真正的多样性，而不是有限几种类型的重复。如同一段音乐，它不停地流动，又在下一个时刻改变着自己，你不能确定地知道下一瞬间将出现的是什么。所以，生命冲动、绵延无时无刻不在创造着新的东西，是绝对新的东西的连续制作。

第三，绵延是方向不可预测的流变。

柏格森认为，绵延每一瞬间都在变化且无确定的流向。“这是一条无底的、无岸的河流，它不惜任何可以标出的力量而流向一个不能确定的方向。即使如此，我们也只能称它为一条河流，而这条河流只是在流动。这是一种状态的连续，其中每个状态都既预示着以后，又包含着以往。”①

强调“生成”、强调世界是处于永恒流变与生成之中的绵延说，对之后西方哲学的发展产生了重要影响。它使柏格森超越了传统西方哲学把世界看作是按理性的秩序构成、为某种终极目的而存在的“预成”的观点，让以往那些把自己只看成是被安放在世界巨大机器上的螺丝钉的人们由此意识到，世界是我们创造力的表演舞台和加工材料，只要我们有愿望就能创造出自己希望成为的角色。

绵延与艺术创造

柏格森以哲学的解放者和理智成规反对者的角色激励了社会的精神层面，并对机械主义命定论进行了驳斥，这

① 柏格森：《形而上学导言》［M］，刘放桐译，商务印书馆，1963年，第29页。

对于当时压抑的社会氛围有着不小的解放作用。

“柏格森对现代艺术的影响并不在于其是否出版过美学专著，而是他对意识、知觉的开发，以及其使用诗般的语言召唤人们去发挥创造力。例如，《试论意识的直接材料》中对各种知觉（如美感、音感、光感、色感、情绪、肌肉紧张等）之分析，终而论证生命的自由和创造；…他提倡的哲学方法——直觉，亦与艺术家天赋之心智能力颇为相似。”①

柏格森把艺术活动看成是纯意识的活动。他指出，意识的作用交织穿透、复杂多样从而构成了“变化之不可分的继续”，其整体就是绵延不绝的生命本体。艺术创造作为纯意识的活动当然也是绵延的，如同绵延一样，它没有方向、没有目的、不息地流动着、创造着。创造中每一瞬间的变化都是新质的出现，因此它将变化成什么样是无法预测的。

如关于绘画，柏格森曾经这样谈论到：即使画家也不能精确地预见到这幅肖像画将会画成什么样，因为预言就等于在画它之前就将它画好，这是一种荒谬的假设。因为画家每下一笔都在使画面发生新的改变，而改变的画面又反过来成为影响画家本人所思所想的因素。“正如画家的天才在他创造的作品的影响下形成，改变或变化，同样，我们的每一种状态在其出现在我们身上的时候，也改变我们本身，它是我们刚刚形成的新形式。”② 所以，柏格森认为，艺术作为创造，乃是从“无”或“不存在”开始

① 《塞尚与柏格森》尤昭良著，广西师范大学出版社，2004 年，第 150 页。
② 《创造进化论》柏格森著，商务印书馆，2004 年，第 12 页。

的，并以其贯穿整个过程。他说，画家站在画布面前，调色板上准备齐各种颜色，模特儿也坐好了——这一切我们都看到了，同时我们也知道画家的风格，我们能预见画布上会出现什么吗？我们虽然掌握了问题的各个要素，但对问题的解决只能是抽象的。例如，这张肖像画肯定和模特儿相似，也肯定和画家的意图相似，但是伴随着问题的具体解决，却是无法预见的“无”和“不存在”。而正是这个“无”却是一件艺术作品中的一切。柏格森认为，如果把作品放在一个外在的、事先准备好的模式中，就像把生长中的树木折断一样，结果只能是扼杀了作品中活生生的、具有生命力的因素。因此，柏格森用“无”来概括艺术创造活动的一切特征，这个“无”体现得正是“绵延”的那种纯粹精神的活动过程，它不受任何外在因素的制约、束缚和影响，是自由意志的完全体现。正是由于这样，“无”能够迫使艺术家不断地面对原计划中根本不可能预见的各种偶然出现的情况。艺术家怀着试探的态度下笔，他很难预料自己每下一笔会对整个画面产生什么影响，他在下笔中，一边修改，一边寻求新的构思，而这整个过程都是在“无”的偶然性中建立起来的。艺术创造活动这种特征，决定了艺术家不能预见最终的创造结果。

这里我们可以看出，柏格森用“无”来概括艺术创造的全过程（开端、结尾及过程），仅仅注重艺术创造过程的自由意志的心理活动，强调创造过程的偶然性、不可预测性。认为艺术不是按照一个固定的形式或套路来进行创造的，而是不附加如何条件的创造，是从不确定的意识绵延中诞生的。

从艺术实践的实际情况看，这种现象人们常常称作“灵感”，的确存在，而且构成艺术创造过程的一个部分。但另一方面，我们也应看到，构思活动对于作品形成的意义。构思活动使作品的形成具有一定的必然性。作为已形成的艺术作品，正是这种必然性与偶然性，即“有”和“无”的统一。

清代大画家郑板桥曾对艺术创作过程作过精辟的概括，他认为一个艺术作品（绘画）形成的过程可以概括为三个阶段：

眼中之竹——胸中之竹——手中之竹。所谓眼中之竹，是指对审美客体（竹）的审美观照，即主体排除 功利之杂念、以明静之心、审美之情凝神直观对象，在物我不断交相往复中获得心与物、情与景、意与象、形与神的交感的状态。

胸中之竹（胸有成竹）就是指画家的心中形成了一个竹的意象，即审美意象。它不同于眼中之竹，这时创作者的思想情感融入物象，并把精神情操寄托在物象之中，在胸中形成完整的竹的形象——艺术意象。因此，胸中之竹实际上就是对创作构思的肯定，也是郑板桥说的“意在笔先”。当然，只有构思还不能使作品成为现实，还必须落于笔端，挥毫泼墨，即“手中之竹”的过程。

手中之竹是将创作者头脑中的审美意象加以物化，形成现实的审美形象，即作品。在这一过程中，既有画家头脑中的意象的引导、技巧的运用，也存在着画家的想象以及灵感的跳跃、出没。也就是说，一方面，胸中之竹不一定在手中之竹中完全实现；另一方面，手中之竹可能会比胸中之竹多点什么或少点什么。

郑板桥的这种对艺术创造过程的概括，还是符合艺术创作实际及艺术创作规律的，而柏格森则把艺术创作过程中的一部分现象、偶然性因素夸大成为艺术创作的全部过程，有失偏颇和片面。当然这种看法是他意识即绵延观点的必然结果。

柏格森的这一理论深受现代派艺术家的欢迎。立体主义画家勃拉克（Georges Braque）说，人不应该存在一个预先的观念，每画一次，就是一次探索。当我面对一块白布时，我永不知道什么东西会从那里产生出来。这是人必须担负起来的冒险。在我开始作画之前，我永不在我的精神中看见那幅画，相反我相信，如果那开始潜在它里面的观念完全消灭以后，我的画才完成。

现代派艺术家的言论和创作活动与柏格森“绵延说”相契合，同时也反映出现代派文艺的反理性特征。

二、直觉主义

（一）直觉——本能的最佳状态

在柏格森那里，作为高等动物的人既有理智又有本能，直觉则属于本能，但“它是本能的最佳状态”[①]。作为本能的最佳状态，直觉能够向我们揭示生命最深层的秘密。

自希腊至黑格尔以来，历代哲学家误以为人为求智而生活(爱智慧)，以至把生命当作一种求智的工具。至于使用工具的生命本身究竟如何却被忽视。人们终日在生命周围打圈圈，却难以真正把握到生命的实在。

① 转引自罗素《西方哲学史》下卷，第349页。

在柏格森看来，直觉和理智是人的意识的两种不同能力，各有各的功能，各有各的方向。作为认识主体的人是生命冲动的产物，认识的真正任务就是要把握包括体现于人身上的生命之流在内的整个生命之流或绵延，而不是去认识物质世界。由此出发，他力图证明理性和科学是无法把握实在的，唯有作为本能的直觉，才能达到生命之流的真谛。

柏格森对理性的否定其论据如下：

第一，理性的特征是生来就没有能力理解生命。

他认为在人的意识中有直觉和理智两种能力。二者“代表了意识作用的两个方向”，直觉是意识向内的、顺着生命冲动方向的运动，它面向意识深处并引导我们达到生命的深处，因而它能理解生命冲动；理智则在相反的方向行进，是生命的向外观察，它面向物质世界，通过制造和使用工具谋取物质利益来适应环境。所以理智一开始就注定不能把握生命之流，不能把握内心深处的绵延而达到真正的自我，即不能获得绝对的知识。

第二，理智受功利支配，只能得到“实用”的知识，不能获得关于“实在”的知识。“我们的理智，从该词的狭义上讲，是用来确保我们的肉体能完美地适应环境的，它为我们描绘出外部事物之间的关系，简言之，它的作用是对物质加以思考。”[①] 可见，柏格森认为，理智的出现是为了通过工具的制造和使用来适应环境，故理性的着眼点是谋取实际利益，这样，理智对于呈现于意识中的各种印象并非一视同仁，而是从利益出发进行取舍，它仅仅接受那些对人有用的印象，其结果

① 转引自《哲学的故事》威尔·杜兰特著，朱安 等译，文化艺术出版社，1991年，第458页。

是：人的感官和意识显示给自己的都是些经过筛选的实用的简单化了的事实。也就是说，理性思维最终得到的不是事物本身的映像，而是有关该事物对人的意义的一个实用的人工构造物。

第三、理智是静止的、固定的，无法把握绵延的实在。柏格森认为，用不动的概念去把握纯粹运动性的实在，这就像用一张网去捞一条川流不息的大河，结果，就把实在的真正本质——绵延给放了过去。打个比方，这就像大家知道的电影一样。一部影片无非是一张张静止的、彼此分开的摄像凑合而成，不管它们看起来是怎样的连贯、怎样从头到尾地表现某一事物，然而这无非是从一个静止点到另一个静止点的跳跃，是一张照片与另一张照片的机械的联结，它们并非是实在的东西的运动变化本身。柏格森说，理智的认识就好像“电影摄影法”，理智相当于电影胶片上的一张张照片，只能记录一些人为的、静止的、固定的图像，然后又把这些图像机械地联结起来。正因为理智具有这种电影摄影法的弊病，因而就无法把握生命冲动也即绵延——那样一种纯粹的变动性。用静止、固定的理智来认识变动不安的生命冲动，就像电影摄影机一样，把真实的运动过程分割成一个一个静止的、固定的摄像。所以理智不能把握作为真正的实在的生命之流，而充其量只能获得它的某种外表、某个断面或某个投影。（每分钟拍片的数量影响电影在银幕上的连续性，即使是密度极高、速度极快，也不能完全反映运动本身。）

柏格森的这些论述，在一定程度上揭示了理智的静止性和固定性，揭示了它和运动变化的认识对象的矛盾性，研讨了至今仍在争论的问题：静止的概念如何把握变动的现实？从这个层面上说，柏格森对理性的批评是有哲学价值的。但他由此得出的结论是错误的。他一方面片面夸大理智认识形式和方法的静止性、固定性，否定了理性的可变性、灵活性。不懂得人的概念并不是不动的，而是永恒运动的、相互转化的。另一方面，又片面夸大认识对象的流动性，否认绝对运动与相对静止的统一。由此贬低理智的自由，很容易滑向神秘主义和不可知论。

既然柏格森否定了理智，便诉诸直觉。他说，“直觉高于理智”。关于实在的知识，“只能在一种直觉里给予我们”。

那么，什么是柏格森所讲的直觉呢？　他认为直觉就是把自己置身于对象内部，以便与对象中那个独一无二、不可言传的东西相契合。在直觉中，认识主体与认识对象完全融为一体，从而达到对对象的有机的整体性把握。直觉，引导我们达到生命的深处。

在柏格森看来直觉有以下特点：

1. 与理性认识方式不同，理性是站在对象外部进行认识，是一种分析，由于把对象分析成简单的要素，从而也就破坏了对象本身；而直觉能够使人置身于对象内部，让认识主体和认识客体完全融为一体，因而能够把握对象的实在。

2. 直觉对对象的认识是直接的，它与对象之间没有、也不需要任何中介，它是一种领悟，一种洞察。理性则不同，它对对象的认识是间接的，其认识方式是运用概念、判断和推理等逻辑思维，这种形式不能直接与对象打交道，只能迂回在对象周围。

3. 直觉作为内在的体验是一种非语言、非符号的思维。理性则不同，它必须借助语言和符号，而语言和符号并不等于对象。因此，“以一定的符号所构成的译文，与符号所要表达的对象相比，语言永远是不完满的。”所以，理性的认识是相对的，近似的。直觉不用符号代替对象，它能把握对象本身，这就决定了通过直觉的认识是绝对的，完美的，它能够超越推理分析与语言文字而直接掌握内在的绵延。只是柏格森也提醒人们注意，这种非语言非符号的思维如何可能，是一个不大容易解决的问题。

关于达到直觉的途径，柏格森认为，主要是通过意志的努力来摆脱理智的习惯。在他看来，人身上本来就有直觉的本能，但是人类在适应环境中经常使用理智去谋求实用的知识，以便制造和使用工具。久而久之，直觉的本能变得十分微弱，朦胧而晦暗，只是在某些瞬间才被人们所察觉。为了唤醒这酣睡的本能，就需要作一系列的意志的努力。摆脱功利、社会、语言、逻辑的影响，“静观万象，体会一切。”运用所谓的“精神听诊法”直接去感触语言无法表达的“原本的东西的心灵搏动”。一旦当人们克服了理性的纠缠，使自己与对象融为一体，便能进一步运用一种类似佛教禅宗“顿悟”的方法去感触只能意会不能言传的绵延和生命的本质了。

（二）直觉主义的文艺观

柏格森的直觉主义运用于艺术，就形成了他的直觉主义的文艺观。

1. 艺术表现的是意识深处的“自我”

柏格森认为理性和社会就像地球的外壳一样，把人的真实感情（像岩浆一样的东西）禁锢住了。“就连我们自己精神状态当中内在的、个人的，只有我们自己亲身体会过的东西，也不为我们所察觉”。[①] 这就是说人的真实感情往往被遮盖在功利主义的生活下面，或说遮盖在专取功利的理性的外表下，我们所知道的我们的精神状态只不过是意志外在的表现。而艺术的目的就是要去除功利性的外在符号来发现隐藏在里面的真实自我，所以艺术表现的是心灵的真实状态而不是对外表的摹写。

2. 艺术是通过直觉再现生命的运动、显现真实自我

柏格森认为，要打开封在真实自我外面的那层“壳”，把我们自己的那种原初的、未受玷污的真实感情和精神状态揭示出来，艺术家必须凭借直觉而不能依靠传统的从外部观察对象的方法。可以说无论是在创作中还是欣赏时，其本身都属于直觉而与理性无关。比如欣赏一段音乐，当我听这段音乐的时候，我的内心和它的旋律相互交融，把它体验为一个不断变化的绵延，音乐跟我生命的体验一起展开；但当我们把它变成空间化的东西，一个个排列的音符，一个个乐句时，音乐本身就消失了，共鸣也不复存在。乃是分析取代了直觉的必然结果。

卡夫卡也曾表示：“书必须是凿破我们心中冰封的海洋的一把斧子。”[②]

更进一步，柏格森指出，艺术欣赏的特征在于它的被动性，只有灵魂对于绵延、实在，从能动的反抗转为被动地接受时，灵魂方能感到“实在”给自己的暗示，从而才有艺术美的享受，才能和作品中表现出来的感情产生共鸣。他认为，所

---

① 《时间与自由意志》柏格森，商务印书馆，1997 年，第 89 页。

② 转引自《朗读者》［德］本哈德·施林克 著 钱定平 译，译林出版社，2009 年，第 208 页。

谓美感，就是艺术将我们的能动的反抗力量趋入睡眠状态，让我们对暗示做出反应。这种“睡眠状态”柏格森有时又称它为“自我遗忘”或“超脱”。它不是来自反省的哲学的那种有意识的、逻辑的、系统的超脱，而毋宁说是一种自然的超脱。

柏格森对直觉在认识中的作用给予了充分的研究，指出了理性的局限性，并为它划定了一个界限，这些都是有益的。但是，他夸大直觉的作用，将它绝对化，并用它来与理性对立，处处贬低理性和科学，走向了片面与极端，便不再有益和可取。

美国哲学家威尔·杜兰特对柏格森作了这样的评价：“在认为理性只能捕捉到现实和生命的静态而不是其流动状态时，柏格森的假设有点过分了。思想是意识之流，正如詹姆斯在柏格森之前就已阐明的那样，观念只是记忆从流动的思维中精选出来的要点；精神之流可以恰如其分地反映感觉的连续性和生命的运动。

有益的是，这位雄辩的挑战者制止了唯理智论的过激言行；但是，用直觉代替思维却是不明智的作法，那就像是用孩提时的童话去更正青春时代的幻想一般。让我们前进着，而不是后退着去改正我们的错误。声称这个世界上理性已经泛滥成灾，那可是要有疯子的勇气。……人类靠本能生存，却要靠理性前进。”①

柏格森哲学在文艺理论上强调开掘深层自我的意识心理，创作和审美必须依靠非理性的直觉，艺术是不断地追求形式创新等观点，为西方现代派文艺在理论上奠定了一块稳定的基础。所以在19世纪末20世纪20年代涌出的一批最早的西方

---

① 《哲学的故事》威尔·杜兰特著，朱安等译，文化艺术出版社，1991年，第468-469页.

现代派艺术家思想和作品中，我们常常可以看到柏格森哲学的深刻烙印。如表现主义文学作家卡夫卡宣称：“我尽可能抛弃理性而生活。”他认为，一部作品“只能在身体和灵魂完全裸露的状态下一气呵成”。当然，受柏格森思想影响最大的要算“意识流”文学了。

三、对意识流文学等艺术流派的影响

柏格森的生命哲学和直觉主义对文学上的意识流有着重要的影响，其中有两个论点对意识流影响颇大，其一是强调直觉的美学理论，其二是关于“心理时间”的概念。

意识流文学流行于二十世纪20至40年代，以英国为中心并盛行于欧美各国。它的最大特色是打破传统文学由作家出面介绍人物，安排情节，评论人物的心理活动的做法，而去直接表达人物的各种意识过程，特别是无意识过程。

意识流文学是西方进入垄断时期的产物。在两次大战后，资本主义社会的经济危机、劳资冲突以及各种社会矛盾进一步激化和加深，给人们心灵上造成了严重的创伤，因而对社会产生悲观失望的情绪和虚无主义的思想，形成了扭曲的心态。这时一些西方作家深深感到用传统写作手法来描写混乱的资本主义社会已经不够用了，他们力图寻求一种能直接表现被混乱社会扭曲了的人的心理的新手法。我国五·四时期的“白话文运动”也同样涉及新内容寻求新形式来表达自己的问题。于是，意识流文学就在这种动乱生活的社会基础上应运而生了。

“意识流”文学是在美国心理学家威廉·詹姆斯的意识流学说、弗洛伊德的精神分析学说及柏格森的绵延说、直觉主义的影响推动下形成和发展起来的。

“意识流”一词是从心理学借用过来的。它是由19世纪美国心理学家、实用主义哲学先驱威廉·詹姆斯（William James，1842—1910）首先提出来的。1875年，威廉·詹姆斯建立美国第一个心理学实验室。1884年，他在论文《论内省心理学所忽略的几个问题》中认为，人类的思维活动不是由孤立的、分开的部分组成的，而是一股斩不断的流。他说：“意识并不是片段的连接，而是流动的。用一条‘河’，或一股‘流水’的比喻来表达它是最自然的了。此后，我们再说起它的时候，就把它叫作思想流、意识流或主观生活之流吧。”意识流的概念就这样被詹姆斯提了出来。

（一）意识流文学

意识流小说

法国作家马塞尔·普鲁斯特（Marcel Proust）于1913年开始出版的长篇巨著《追忆逝水年华》中的第一卷《在斯万家那边》被认为是意识流小说的开山之作。它以回忆的方式把早年的生活阅历加以追叙和分析。

说到柏格森的理论对意识流文学的影响，有一个情况不能不说，这就是柏格森的妻子是书的作者普鲁斯特的表妹，在巨著《追忆逝水年华》中，柏格森的意识学说及强调回忆在意识绵延中的作用、直觉超越理智的思想都有着直接的体现。

意识流小说刚一登上文坛，很快就在欧美各国传开了。接着，意识流小说又发展成为包括小说、戏剧、电影和诗歌在内的意识流文学，出现了“意识流”创作高潮。

意识流小说的代表作家和作品有：

法国作家马塞尔·普鲁斯特的《追忆逝水年华》（1913年）；

爱尔兰作家詹姆斯·乔伊斯的《尤利西斯》（1922年）。小说主要写三个都柏林市民在1904年6月16日早晨八点到夜间两点四十五分将近19个小时内的活动和思想。它全方位的运用意识流的表现手法，通过人物的潜意识表现了现代西方人的严重的精神危机，被西方评论界奉为意识流的百科全书，为意识流文学的奠基之作。书名《尤利西斯》是荷马史诗《奥德赛》的拉丁名。

英国女作家弗吉尼亚·伍尔芙的《达洛维夫人》、《海浪》、《墙上的斑点》和《到灯塔去》。

美国作家威廉·福克纳是美国最重要的意识流小说家，以描写错乱意识著称，其代表作《喧嚣与骚动》是他运用意识流手法最有成就的一部作品。作品以交叉互补的结构，多角度地运用“复合式”意识流的表现手法，通过不同性格、不同遭遇、不同品质的人物在不同时间段内的意识流来叙述同一个故事的始末，描写和表现了一个曾经显赫，如今走向没落的家族——康普生家族后代的生活及精神世界，同时揭示了南方贵族社会和文化必然衰落的历史画卷。福克纳并不是纯粹的意识流作家。他的大部分小说创作仍隶属于现实主义范畴。1949年，福克纳获得诺贝尔文学奖。

意识流小说的艺术特征：

其一，主张“作家退出小说”，注重表现人物不同层面的意识活动，特别是潜意识的活动。

意识流作家主张“作家退出小说”，“只客观地描写事物在人物意识上留下的印象，记录人物意识流动的轨道”。法国意识流小说大师普鲁斯特主张一种“主观真实论”的意识流小说理论。他把现实分为两种：一种是简单的、外表的、同一的、客观的，如一个餐厅或一个花园的外观，对于每一个人来说，都是差不多的东西；另一种是复杂的、内在的、特殊的、主观的，如每一件事情给人留下的特殊印象，是一种个人的独特感受，这才是“最基本的”、“唯一真实”的东西。作家的任务不是把他创作出来，而是把它“翻译出来”，把人物通过主观感觉所体验到的东西呈现在读者眼前。[①] 因此，“那唯一真实的著作（就这个字眼通常的含义而言），不必由一个伟大的作家来把它‘创作’出来——因为它已经存在于我们每个人身上——作家只要把它翻译出来就行了。作家的功能和职责，就是要去充当一名这样的翻译家”[②]。所以在意识流小说中，作家对人物感情的兴趣大大超过对事物本身的兴趣，他们要描写的是现实生活、社会事件在人们心灵中的回声。因此他们把人的从最低级到最高级的各种意识活动当作表现的对象，一切都得从属于这样的描写。例如：

美国作家奥茨的短篇小说《幽会》，从头到尾主要是通过人物的意识活动来表现的。小说的情节极其简单，写一个已婚的中产阶级男子约翰与一个美术学院毕业的女大学生安的暧昧关系。但是，作家着意展现的是主人公微妙而又复杂的内心活动。读者阅读时，直接感受到的不是什么故事情节，而是主人公复杂的内心体验。小说对环境的描绘，对安的外貌、举

① 参见《外国现代派文学导论》廖星桥，北京出版社，1988 年，第 192 页。
② 《追忆逝水年华》普鲁斯特，普莱拉德出版社，第七卷第 890 页。

止和性格的描写，都不是作家从旁叙述，而是通过男主人公约翰的感知、回忆和想象表现出来，而不是作家在旁边叙述出来的。

意识流作家以人的精神世界为反映对象，对人物感情的兴趣大大超过了对事物本身的兴趣，想描写现实生活、社会事件在人们心灵中的回响。他们所忠于的现实、“真实”、“客观”，实际上是指在人们意识上留下轨迹。所以在意识流小说中，一切都得从属于描写人物的意识、无意识。他们把人的从最低级到最高级的各种不同的意识活动当作自己表现的对象，这一点成了他们创作上一个突出的特征。

其二，注重“心理时间”，大量运用时空旅行法，不以情节为结构。

意识流小说的结构与传统作品的结构不大相同。它在文学史上第一次完全打破了传统小说基本上按故事情节发生的先后次序或是按情节之间的逻辑关系而形成的单一的、直线发展的结构（如发生——发展——结果——影响），故事的叙述已不再按自然的时间进展依次循序直线前进，而是随着人的意识活动，通过自由联想来组织故事。

意识流作家注重去发掘人的内心世界，当他们越是深入到人物的心灵深处，就越感到一般的时间序列不适用了，因而从柏格森那儿吸取了“心理时间”的理论，来表现人物的内心世界。

柏格森认为，世界及生命都是绵延不绝川流，这连续不断的川流即绵延也是生命的本质。绵延在生命中流逝，是真正的时间，也是心理时间。

在柏格森那里，“心理时间”与物理时间不同，它不是作为物体运动的测量手段而存在且不依我们的意志为转移，而是存在于人的内心世界，是必须凭借直觉才能体悟的自我内在生命的流动。而且，心理时间也不像物理时间那样只有向前一个方向，它可以把许多不同时间刹那汇合在一起，互相贯通，互相渗透，不断流动。这样创作家们在进入人物内心世界时，就可以突破自然时间序列，随意地发挥，以体现内心深处心灵的真实搏动。

意识流作家运用柏格森的“心理时间”，在安排故事、衔接剧情时，一般就不再受通常认为的时间、空间或逻辑、因果关系的制约，而是把时序倒置、穿插交错，表现为时间、空间的跳跃多变。前后两个场景之间不一定要有时间、地点方面的紧密逻辑联系。例如：海明威的《乞力马扎罗的雪》对于人物形象的塑造就是这样。主人公哈里和他的情人海伦，来到乞力马扎罗山狩猎旅行，不幸腿被擦破，又“忘了抹上碘酒，随后又根本没注意它”，结果发炎以致恶化，又无法回医院治疗以致发展到最后成为绝症，只好等待死神的降临。在生命垂危之际，主人公神思恍惚，思前想后，天南海北，把他一生的经历和盘托出。“刚才还在卡拉加奇车站，背着背包望着为避战祸而隐遁深山，埋于积雪之中的人们；接着又到了高厄塔尔山，睡在装着山毛榉树叶的垫子上”，“缠住宪兵闲扯”，掩护一个士兵在雪地里逃走。刚才还在“梅德纳尔之家”的冰川的大斜坡上滑雪，身子“仿佛像一只飞鸟从天而降”；接着又在“烟雾弥漫中玩纸牌”。刚才还在防线上用机枪扫射四散奔逃的军官，诅咒“该死的杀人坏种”；接着又到布鲁登茨饮酒作乐，对琴听歌。他和女人们鬼混又悔恨自己的情场痴遇……

以上的描写看上去好像东一榔头西一棒子，其实它并非杂乱无章。就它的直接原因看，这些片段的回忆画面和梦境都是主人公处于希望与绝望——生与死的关隘迭现出来的。很显然，哈里临终前的情绪完全源于他的生活历程，这个历程在此时只能是断断续续地再现，不可能合乎自然时序，但它是特定条件下（如这里的濒死状态）的真实。可见，在这方面，“心理时间”的理论确实帮了意识流作家们的大忙。

其三，采用“自由联想”和“内心独白”，摒弃了以叙事、描写、评价为主的手法。

弗洛伊德认为，通过“自由联想”最能发掘人的隐藏着的动机——无意识的活动。而“意识流”文学所要探索的正是人的意识活动，特别是人的无意识活动。因此，意识流作家自然都从弗洛伊德那儿吸取了“自由联想”的理论，把它作为自己创作的基本方法之一。

在意识流作品中，“内心独白”往往与“自由联想”及“心理时间”有着密不可分的关系。一段段的内心独白往往是在跳跃式的自由联想中，在来去往复的心理时间的绵延中发生的，这与传统文学中运用的“内心独白”手法有很大不同。柏拉图提出过“内心的自我谈话”、文艺复兴时期莎士比亚在《哈姆雷特》中也时常采用“内心独白”，但那是人物内心情感，思想及观念的表白，是叙事的、有逻辑性的。

“自由联想”的特点在于“自由”，即常带有很大的主观随意性、跳跃性和散漫性，意识流的自由联想虽然也带有这样的特性，但它是建立在传统文学心理描写基础上的，是对心理描写手法的深化，它并未完全脱离理性，不像超现实主义创作那样在这方面“自由”得过了头，所以意识流作家凭借这种手法，写出了一些不少对文学发展有着十分重要意义的作品。

如英国女作家伍尔芙的意识流小说《墙上的斑点》，虽然只是短篇，但也是“自由联想”的代表作。小说通篇都是墙上看到的那个斑点后联想起来的。至于墙上的那个斑点究竟是什么并不重要，它只是主人公意识活动的一个触发点而已。主人公的意识活动借助这个点开始不断地跳跃，交织叠落成不同层次的意识活动的复杂图景。

伍尔芙否定生活的客观性和现实性，强调“ 内心真实”。她认为在一个普通的日子里，一个普通人的头脑“接受着千千万万个印象——细小的 、奇异的倏忽即逝的 ，或者用锋利的钢刀刻下来的。这些印象来自四面八方 ，宛如一阵阵不断坠落的无数微尘 ”。这就是真实的生活。因此，视接近生活的本来面目为己任的作家，就应该深入到人物的意识深层 ，“按照那些微尘纷纷坠落到人们头脑中的顺序，把它们记录下来”，“追踪它们的这种运动模式”。

《墙上的斑点》（摘）

“大约是在今年一月中旬，我抬起头来，第一次看见了墙上的那个斑点。为了要确定是在哪一天，就得回忆当时我看见了些什么。现在我记起了炉子里的火，一片黄色的火光一动不动地照射在我的书页上；壁炉上圆形玻璃缸里插着三朵菊花。对啦，一定是冬天，我们刚喝完茶，因为我记得当时我正在吸烟，我抬起头来，第一次看见了墙上那个斑点。我透过香烟的烟雾望过去，眼光在火红的炭块上停留了一下，过去关于在城堡塔楼上飘扬着一面鲜红的旗帜的幻觉又浮现在我脑际，我想到无数红色骑士潮水般地骑马跃上黑色岩壁的侧坡。这个斑点打断了我这个幻觉，使我觉得松了一口气，因为这是过去的幻觉，是一种无意识的幻觉，可能是在孩童时期产生的。墙上的斑点是一块圆形的小迹印，在雪白的墙壁上呈暗黑色，在壁炉上方大约六七英寸的地方。

……

我们的思绪是多么容易一哄而上，簇拥着一件新鲜事物，像一群蚂蚁狂热地抬一根稻草一样，抬了一会，又把它扔在那里……如果这个斑点是一只钉子留下的痕迹，那一定不是为了挂一幅油画，而是为了挂一幅小肖像画——一幅卷发上扑着白粉、脸上抹着脂粉、嘴唇像红石竹花的贵妇人肖像。它当然是一件赝品，这所房子以前的房客只会选那一类的画——老房子得有老式画像来配它。他们就是这种人家——很有意思的人家，我常常想到他们，都是在一些奇怪的地方，因为谁都不会再见到他们，也不会知道他们后来的遭遇了。据他说，那家人搬出这所房子是因为他们想换一套别种式样的家具，他正在说，按他的想法，艺术品背后应该包含着思想的时候，我们两人就一下子分了手，这种情形就像坐火车一样，我们在火车里看见路旁郊外别墅里有个老太太正准备倒茶，有个年轻人正举起球拍打网球，火车一晃而过，我们就和老太太以及年轻人分了手，把他们抛在火车后面。

……

可是墙上的斑点不是一个小孔。它很可能是什么暗黑色的圆形物体，比如说，一片夏天残留下来的玫瑰花瓣造成的，因为我不是一个警惕心很高的管家——只要瞧瞧壁炉上的尘土就知道了，据说就是这样的尘土把特洛伊城严严地埋了三层，只有一些罐子的碎片是它们没法毁灭的，这一点完全能叫人相信。”

表面上看似杂乱无章的思绪，实际上还是有迹可循的。通常是由某一情景联想到过去某一点上相似或相关的情景。《墙上的斑点》的主人公由斑点想到挂东西的钉子，由钉子想到油画，由油画想到过去的生活…… 就是如此。

普鲁斯特的《追忆似水年华》也很典型。主人公一尝到浸泡在药茶里的小玛德兰点心时，便猛然一惊，身上发生了奇妙的事情，被一种美妙的快感所袭，于是超脱了周围的一切，突然间回忆也一股脑地回来了。书中（《第一部：在斯万家那边》）这样描写到：

“母亲叫人端上一块圆鼓鼓的名叫玛德兰的小点心是用带凹槽的海贝当模子制作的。我刚度过阴郁的一天，即将来临的又是令人丧气的明天，不免心绪烦乱，便马上机械地把一匙茶送到嘴边，茶里泡了一小块点心，送到嘴里的茶和点心刚按触上颚，我的整个身体突然震动了一下。我愣住了，体会着已经发生的异乎寻常的变化，一种奇妙的感觉渗透了我，但它是孤立的，说不清它的起因。……可是，突然间，记忆回来了。我刚才尝到的那股味道，正是我以前在贡布雷的时候，每个星期天的早上……我到莱奥姑妈的卧室请安时，姑妈叫我吃的那种泡在茶里或药茶里的一小块玛德兰点心的味道。”

这是整部巨著当中最著名、经典的段落之一。就是这小点心的味道碰开了主人公（我）记忆的闸门，一发不可收，遂成就了一部长达三、四百万字的意识流巨著！

在《追忆似水年华》中，我们常看到这样的现象：局部上不断有时空错乱，过去、现在、未来随意颠倒、交叉、错位，给人造成变幻莫测之感，且作者有意不作说明。但从小说整体来看，作者却凭借对“心理时间”的熟练驾驭，使小说串成了一个有机整体。正如普鲁斯特认为的那样，“人在空间所占有的位置都可以无限延伸，保留在记忆之中的往昔印象可以在目前出现，从内心的感觉来说，过去和现在是可以重叠的。……以心理时间为法宝，将一圈一圈的回忆巧妙地串联起来，就是《追忆似水年华》之所以长而不松，繁而不散，杂而不乱，富有强烈的艺术感染力的原因。”①

而乔伊斯在《尤利西斯》中写布罗姆的妻子莫莉在深夜半眠状态时的一段内心独白长达四、五十页。而且作者为了使他的意识如行云流水，能不受限制，没有停顿地自由驰骋，四、五十页中竟没有一个标点符号，这可又文学史上的一绝了。下面是其中的一段：

一刻钟以后在这个早得很的时刻中国人该起身梳理他们的发辫了很快修女们又该打起早祷的钟声来了它们倒不会有人打扰她们的睡眠除了一两个晚间还做祷告的古怪牧师外墙壁那个闹钟鸡一叫就会打闹起来试试看我还睡不睡得着一二三四五他们创造出来的很像星星一样的花朵龙巴街上的糊墙纸要好看得多他给我的裙子也是那个样儿的。

由上可见，意识流作家们把柏格森、弗洛伊德及詹姆斯的理论熔于一炉，在表现形式上大胆地探索，打破作家直接安排情节和塑造人物的传统写法，以各种场景、时间交织、穿插、渗透来表现人物的各个意识层面，特别是深层面的无意识，常常使作品具有一股感人的、炽热的情感激流，在刻画人物心理

① 《外国现代派文学导论》廖星桥，北京出版社，1988 年，第 187 页。

意识方面也作了深入探索颇有创新之处。“多层次结构”、“自由联想”、“内心独白”和时序相互倒置、相互渗透等艺术手法，皆有借鉴之处。当然，另一方面，在写作技巧上也走了另一个极端：注意描绘人物意识而忽略了现实生活；过于强调标新立异使文字看起来更晦涩、难懂。

意识流电影

受小说影响，于二十世纪五六十年代之交出现了意识流电影。意识流电影在银幕上着重表现人的非理性的、潜意识的、直觉活动。

被最早视为“意识流电影”的是瑞典著名导演英格玛·伯格曼（Ingmar Bergman，1918—2007）的《野草莓》（又名《杨梅树下话当年》）。

享誉世界影坛的伯格曼在西方知识分子心目中有极高的地位，有人把他称为当代世界电影第一位有灵魂的人。在大学攻读文学和艺术史期间，他阅读了大量莎士比亚和斯特林堡的戏剧作品并参加学生剧团。1942 年进入电影界担任编剧和助理导演，此后便一直以他独特的风格和品质自编自导了大量影片。

伯格曼一开始拍片就把镜头伸进了人物的内心世界，用摄影机去窥视人的灵魂。他是第一位尝试意识流电影语言的大师。他认为电影应该像一面镜子照得见人的灵魂。因此他从不以讲故事作为电影的目的，而是通过影片表述自己的一种思想观点，让人去思考许多人生哲理问题。

《野草莓》拍摄于1957年，被电影界视为探讨意识流的范例，也是伯格曼的代表作。影片的结构是由教授的一次旅行和旅行中做的几个梦组成。剧情发生在现在时态的约24小时的一段时间内，表现一个78岁的医学教授波尔洛在其儿媳玛丽安的伴随下，驱车前往一所大学接受荣誉学位。出发的早晨醒来之前老教授就做了一个噩梦。他在大街上散步，街上没有人，这里暗示教授的生活是空虚的，他生活在一个排除了其他人的世界里。尽管阳光灿烂，但教授仍觉得冷。一路上，他们遇到了各种各样的人，重访了一些故地，使老波尔洛不断地进入到往事的回忆和梦幻中，对自己的一生进行反思。

随着剧情的进展，我们不断看到影片的“闪回”。以往我们在谈到“闪回”时，总是完整的、连贯的，但现在我们看到影片的“闪回”则是片断的、瞬间的、突发的。这种现实与过去的融合，往往基于主人公在现实的对人物、景物、声音等等的感受而发生“错乱”。途经教授过去生活了20年的别墅故居时，教授在一棵大树下津津有味吃起野草莓来，他边吃边梦境般地回忆起他青年时代的情人、他的表妹莎拉。那时教授和他哥哥同时都爱上莎拉，但最后姑娘还是选择了他的哥哥。等醒来后，教授发现眼前站着一个也叫莎拉的金发姑娘(梦中的莎拉和现实的莎拉由同一人扮演)，教授答应姑娘和她两个男朋友搭车去旅行。这两个小伙子也同时爱上了姑娘，就像教授年轻时一样。不一会儿，教授在儿媳开车的时候又做起梦来，他又梦见了草莓地，看见哥哥和表妹莎拉结了婚。他自己在教室里考试，结果成绩不及格。他又梦见被妻子指责为无动于衷，自私自利，漠不关心的人。他向加油站老板说妻子已去世30年了，他却被带进森林，发现妻子还在与别人做爱。

他又听见妻子说，波尔洛是个冷漠的人。波尔洛真想大哭一场，但突然梦醒了……

伯格曼匠心独具地由现实的时间引出主人公的心理时间，将不同时间上事情的片断、瞬间置于同一画面则是本片的一大特色。主人公与过去的人物对话，其实是与自己内心中的人物对话，而伯格曼特意采取黑白明暗之差的画面暗示现实与过去的生活，大大丰富了电影的语言，为揭示人物的内心活动提供了新的表现手法。

影片的另一个特点是梦境。我们知道梦境可以不受时间、空间等等的限制。影片一开始就写到了波尔洛的梦。他来到空荡荡的大街，孤零零地注视坏死的钟面。一辆马车吱吱呀呀地过来，车轮飞脱，棺材从车上掉下来。棺材里躺着的是自己，等等。这一梦境，就有强烈的象征意味。坏了的钟与后面波尔格发现母亲同样坏了的手表，飞脱的马车轮与后面的另一辆车子的越轨，他被躺在棺材中的自己抓住与后面的受到自己内心的审判而宽容别人等等，这一系列的“巧合”为影片增添了几分神秘色彩。

法国著名导演阿仑·雷乃（Alain Renais（1922— ）在20世纪50年代末期也创作了震撼世界影坛的意识流电影《广岛之恋》和《去年在马里昂巴德》，尤其是《广岛之恋》在当时被认为是世界影坛上的“一颗精神原子弹”。这部具有反战倾向的影片，叙述了一位法国女演员，去日本拍摄一部关于和平题材的影片，她认识了一位日本建筑工程师，他们相爱了。在相爱的过程中，女演员向他讲述了自己的第一次恋爱，那是在二次大战期间，她在家乡纳韦尔爱上了一位23岁的德国士兵，但是，他在纳韦尔解放的那一天，却被打死了。这位18岁的少女则因为与德国人恋爱而被打成“法奸”，关在地窖内，并被剃光了头，遭尽羞辱，一度精神失常。后来她去了巴黎，那一天，正是日本广岛遭到原子弹轰炸的日子。“她”与“他”分手后回到旅馆，因忍受不住孤独的寂寞又来到街上，与徘徊至那里的工程师相会。“他”恳求“她”留在日本，但“她”却难忘巴黎的家。最后，两人互相告别，并深情地呼唤着对方象征的名字：“广岛!”“纳韦尔!”这部影片不少地方运用了“闪回”镜头，由现在转换到过去，由日本转换到法国。日本建筑工程师的任何动作，都引起这位女演员回忆二战时的那位德国士兵和她在一起的情景。其中有一组镜头特别引人注目：早晨的旅馆里，女演员从阳台回到房间后，看见日本工程师还在床上睡，他的一只手在睡梦中蠕动。接着下面一个镜头，马上就是那个德国兵躺在地上，在临死前一只手痉挛的景象。这两个镜头的突然转换和连接，表明现在和过去的情景同时叠现在女演员的脑海里了。

整部电影摒弃了传统的线性的叙事构造，没有一个中心事件，没有故事情节，而是以女主人公各种意识活动为线。时而是对爱人的咏叹，时而是对战争的谴责，时而是对记忆的痛苦回忆，由此把过往和现在、阅历和阅历的描写交错在一起，并通过女主角大量诗化的内心独白表达出来。看似画面破碎、杂乱无序、时空交错，但这恰恰生动地表现了主人公流动着的且变化多端的原本的意识状态，也即柏格森说的“绵延”，这也就是意识流电影所追求的“内在的真实”。

意识流文学盛行于二十世纪 20—40 年代的西方各国，后来逐渐衰落，如今这个流派已不存在。但作为艺术创作手法，自二战以后应用的作家越来越多，一定程度上已成为现代艺术创作中常用的手法。如上世纪 60 时代，法国出现的新小说派，就是用意识流方法进行文学创作并成为一种国际性的文学现象。至今这种艺术手法的影响依然依稀可见。

（二）未来主义（Futurism）

未来主义又称未来派，是 20 世纪初欧洲出现的又一个文艺流派。它起于意大利，后影响到法国、俄国等其他的欧洲国家。它与意识流文学、超现实主义等大致处于同一时期。未来主义艺术家们的所涉艺术领域包括诗歌、绘画、雕塑、音乐、建筑等，甚至触及烹饪方面。

意大利诗人、戏剧家、文艺理论家兼编辑马里内蒂（Malineidi 1876—1944）是未来主义的创始人。1909 年 2 月他在《费加罗报》上发表了《未来主义的创立和宣言》一文，标志着未来主义的诞生。第二年他继而发表了《未来主义文学宣言》，阐述了未来主义文学的创作原则。马里内蒂认为：文学艺术必须反映现代文明的特征以及现代文明下人们的内心直觉，其表达形式也必须摆脱旧的传统。文学艺术应该面向未来、属于未来，如此才有生命力，未来主义因此得名。之后不久又相继出现了《未来主义戏剧宣言》和《未来主义画家宣言》，将未来主义从文学扩展至艺术的其他门类。

未来主义认为运动是世界的本质，同样也是新时代的本质。科技和工业交通日新月异的发展变化改变了人的物质生活方式和时空观，随之，人类的精神生活也必将改变，以往的、旧的文化艺术遗产、传统文化和美学观念皆已腐朽，价值尽失，无法适应正在发展的时代，必须加以否定和抛弃。未来主义就是要从根本上弃绝传统，从而建立未来的、新的艺术，这种新的艺术必将充满着运动、速度、力量和斗争之美。

马里内蒂在《未来主义宣言》中说：

1. 我们要讴歌对危险的热爱，讴歌充满精力的习惯，讴歌大胆精神。

2. 我们的是个中最重要的成分将是勇气、大胆和反叛。

3. 文学历来讴歌沉思般的静止、销魂入迷和睡眠状态。而我们要歌颂的是敢作敢为的运动，狂热的失眠，急速的脚步，翻筋斗，打耳光，拳斗。

4. 我们宣布世界的光彩是通过新的美感来丰富的：速度的美感。汽车的运行带着他装饰有输送管的嗓子呼啸而行，就仿佛蟒蛇探索的气息。汽车运动轰鸣，空气在他的金属气中前行，她比胜利女神更美。

5. 我们要讴歌掌握驾驶盘、沿着地球的轨道线猛进的人，他那理想的手柄戳穿了地球面。

6. 诗人必须具备狂热、豪放、慷慨的气质，以便在热忱中增加原始的组成部分。

7. 除了在斗争中以外，没有什么美。没有敢作敢为的精神，不可能有杰作。诗歌必须是对各种未知力量的猛烈进击，强令它们在人类面前低头。

8. 我们屹立在世纪最尽头的岬角上。……我们要冲进不可能的神秘的隧道之口，在这种时候，我们为什么还要朝后看？时间和空间都已经在昨天了。既然我们早已创造了永久的和永存的速度，我们已经生活在绝对之中了。

9. 我们想讴歌战争——这是世界唯一洁身之道——军国主义、爱国主义、无政府主义者毁灭一切的手臂，杀生的优美思想，对妇女的蔑视。

10. 我们想摧毁博物馆、图书馆，同道德主义、女权主义以及一切机会主义和功利主义的卑鄙东西做斗争。

11. 我们要歌唱在劳动、欢娱和反叛的激情下的巨大人群；歌唱现代都市的革命的多色多音的拍岸之浪；歌唱夜间在强度的电月亮照耀下的兵工厂和车间的震颤；歌唱贪婪的车站，它们吞进冒烟的巨蛇；歌唱工厂，烟囱里冒出一股股的烟，把它们悬挂在云间；歌唱桥梁，它们像体操家一样越过阳光照耀下的独浪滚滚的河流；歌唱冒险的巨轮，它们能察觉到天边；歌唱胸膛宽阔的火车头，它们在铁轨上昂首飞步，就像巨大的钢马被长长的列车约束住；歌唱飞机，它们在空中滑翔飞行，螺旋桨的吼声就像无数旗帜在互相拍打，就像热情的人群的鼓掌声①。

在《未来主义宣言》中，我们看到的是未来主义对陈旧思想的憎恶，尤其是对陈旧的政治与艺术传统的憎恶和对传统文化彻底摧毁的极端态度，是鼓动人们“向星辰提出挑战”的强烈反叛，是对以暴力和战争创造新的未来世界历史的大加赞美以及要创建能与机器时代的生活节奏相合拍的全新艺术形式的号召。

未来主义极度崇拜和歌颂运动、速度、力量和暴力，认为这是他们想要建立的未来的艺术中最核心的美学原则。能够显示运动的速度与力量的速力的美才是当代出现的新的美，工业化的城镇、飞机、汽车等等这些象征靠人类技术进步创造出的超越了自然的东西在未来主义者的眼中充满魅力。在他们看来，这些比历史上所有的辉煌成就都美，它使世界变得更加壮

---

① 转引自《现代西方文论选》林骧华译，丰华瞻校。上海译文出版社，1983年。

丽光辉。他们还认为，未来文学艺术就应当充满“现代感觉”，“应提倡表现人们在现代工业社会中生活而产生的‘心境的并发症’，即思想意识的杂乱无章；强调直觉和神秘，反对理性和逻辑，去写幻觉错觉、‘凌乱的想象’、神秘的梦境、病态的意识等。他们运用“自由不羁的字句”，随心所欲地表达运动的各种形态和速度，并不断地更新语言，反对‘颓废的’传统，包括取消或破坏语言的规范，打破传统句法与正常韵律，消灭形容词，副词和标点符号，而仅仅借助奇特的文字游戏、词语的字体变化，各种图案的剪贴、组合，甚至用对自然界声音的模拟、数学符号、化学公式、乐谱等来表达他们的文学作品的含义。”① 以这些方式创造出特有的莫名离奇荒诞之感。为此，尼采和柏格森强调非理性的哲学思想成了影响未来主义的重要因素。

需要注意的是，意大利的未来主义在1913年分化为左翼和右翼，右翼以马里内蒂为首，坚持反对一切传统，走极端的语言实验道路，后与法西斯政党合作。左翼则以帕拉泽斯基、卢齐尼为代表，批判民族沙文主义和军国主义，反对法西斯，认为马里内蒂盲目地拒绝过去，势必导致盲目地否定未来。1915年，两派分道扬镳，左翼退出未来主义阵营。

此外由于未来主义除旧布新的理念与当时刚刚成立的苏联的共产主义理念之间或许有合拍相似之处，因此十月革命之后苏联涌现出以马雅可夫斯基为代表的一批倾向革命的未来主义诗人。

---

① 《外国现代派文学导论》，廖星桥，北京出版社，1988年，第203页。

未来主义文学

未来主义文学反对传统文化、抛弃艺术遗产，颂扬机械文明，迷恋机械文明带来的机器、技术、速度，甚至盲目推崇战争和暴力。他们打破旧有的形式规范，热衷语言创新性实验与革新，用自由不羁的语句随心所欲地进行艺术创作，注重诗歌的多重效果，某种意义上丰富了文学的表现手法。当然，由于未来主义者喜欢走极端、粗暴地否定一切，有文化虚无主义的倾向，同时又缺乏坚实的理论基础，最终在文学方面成就有限。

代表人物：

菲利波·托马索·马里内蒂（1876—1944 意大利）

吉约姆·阿波利奈尔（1880—1918 法国）

弗拉基米尔·弗拉基米洛维奇·马雅可夫斯基（1893—1930 苏俄）

1. 未来主义诗歌

帕拉泽斯基的诗《我是谁》

帕拉泽斯基（1885—1974）是意大利诗人、小说家，未来主义创始人之一。后因同马里内蒂的观点不和而脱离未来主义流派。

《我是谁》是帕拉泽斯基未来主义诗歌的代表作。作品通过对自我的解剖，显现出一个冰冷、忧愁、疯狂又悲伤的灵魂，让人们感受到诗人对旧有秩序及文化抱有的反感不满的情绪。

我，或许是一名诗人?
不，当然不是。
我的心灵之笔
仅仅描绘一个奇怪的字眼——
“疯狂”。
我，也许是一名画家?
不，也不是。
我心灵的画布
仅仅反映一种色彩：
“忧愁”。
那么，我是一名音乐家?
同样不是。
我心灵的键盘
仅仅弹奏一个音符：
“悲哀”。
我……究竟是谁?
我把一片放大镜
置于我的心灵前
请世人把它细细地查看。
我是谁?
——我是命运驱使的小丑。

阿波利奈尔的《图像诗》

阿波利奈尔（1880—1918）法国立体未来主义创始人，被誉为“二十世纪法国抒情诗改弦更张的重要匠师”。他尝试将诗歌同绘画、音乐、声响结合起来，所创造的“图像诗”，将文字排列为所需形象的图案，拒绝使用标点符号，如此做法，一方面将图像融进诗歌，使诗歌富有了视觉效果；另一方面，这种独出心裁地拼成各种艺术图案的诗行，使诗变得更具游戏意味和形式美意味，某种意义上似乎又减弱了传统诗中诗句触发情感、引发深意的功能。

阿波利奈尔的代表作是《醇酒集》（1913）和《图像诗》（1918）

图像诗：心

心
火　　　的
焰我
的　　　　心
倒　　　　啊
颠　　宛
朵　如
一

图像诗：镜子

镜　子

飞白译

我
子　被
镜　活
像　生
就　生
地　地
实　封
真　吉饶姆　在
阿　这
不　面
使　阿波利奈尔　镜
天　子
的　里
象　真
想　实
们　的
人　就
像

马雅可夫斯基的长诗《穿裤子的云》

马雅可夫斯基（1893—1930）俄国未来主义的主要代表，同时也是苏联早期最优秀、最有才华的革命诗人。

俄国未来主义诗歌流派是19世纪初俄国诗坛受意大利未来主义思潮影响而形成的诗歌流派。虽然受意大利未来主义的影响，但毕竟根植于俄国的社会、历史和文化现实，因而，它和意大利未来主义既有共同之处，又独具本土特色。二者的共同特点在于都强调叛离、斗争，重视作品的进攻性。如马雅可夫斯基曾在《给社会趣味一记耳光》中宣称，要把普希金、陀思妥耶夫斯基、托尔斯泰等人从现代轮船上丢下水去。他们自由不羁，强调语言实验和加工。二者不同之处在于：一个歌颂现代工业文明，一个倾向国粹原始主义；一个歌颂暴力、战争，一个则颂扬人道情怀。

《穿裤子的云》序篇　　马雅可夫斯基

你为什么叫我诗人
我不是诗人
我不过是个哭泣的孩子
你看
我只有撒向沉默的眼泪

你为什么叫我诗人
我的忧愁便是众人不幸的忧愁
我曾有过微不足道的欢乐
如此微不足道
如果把它们告诉你
我会羞愧得脸红

今天我想到了死亡

我想去死
只是因为我疲倦了
只是因为大教堂的玻璃窗上
天使们的画像让我出于爱和悲而颤抖
只是因为
而今我温顺得像一面镜子
像一面不幸而忧伤的镜子

你看
我并不是一个诗人
我只是一个想去寻死的忧愁的孩子
你不要因为我的忧愁而惊奇
你也不要问我
我只会对你说些如此徒劳无益的话
如此徒劳无益
以至于我真的就像
快要死去一样大哭一场

我的眼泪
就像你祈祷时的念珠一样忧伤
可我不是一个诗人
我只是一个温顺
沉思默想的孩子

我爱每一样东西的普普通通的生命
我看见激情渐渐地消逝

为了那些离我们而去的东西
可你耻笑我
你不理解我

我想
我是个病人
我确确实实是个病人
我每天都会死去一点
我可以看到
就像那些东西
我不是一个诗人
我知道
要想被人叫作诗人
应当过完全不同的另外一种生活

天空在烟雾中
被遗忘的蓝色的天空
仿佛衣衫褴褛的逃亡者般的乌云
我都把它们拿来渲染这最后的爱情
这爱情鲜艳夺目
就像痨病患者脸上的红晕

你们的思想
幻灭在揉得软绵绵的脑海中
如同躺在油污睡椅上的肥胖的仆从

我将戏弄它
使它撞击我血淋淋的心脏的碎片
莽撞而又辛辣的我
将要尽情地把它戏弄

我的灵魂中没有一茎白发
它里面也没有老人的温情和憔悴
我以喉咙的力量撼动了世界
走上前来——我奇伟英俊
我才二十二岁

粗鲁的人在定音鼓上敲打爱情
温情的人
演奏爱情用小提琴
你们都不能像我一样把自己翻过来
使我整个身体变成两片嘴唇

来见识见识我吧——
来自客厅的穿洋纱衣裳的
天使队伍中端庄有礼的贵妇人
像女厨师翻动着烹调手册的书页
你安详地翻动着你的嘴唇

假如你们愿意——
我可以变成由于肉欲而发狂的人
变换着自己的情调

像天空时晴时阴

假如你们愿意——
我可以变成无可指摘的温情的人
不是男人
而是穿裤子的云

我不信
会有一个花草芳菲的尼斯
我又要来歌颂
像医院似的让人睡坏的男人
像格言似的被人用滥的女人

这部长诗写于1914—1915年。是马雅可夫斯基献给他最亲近的女友莉·尤·勃里克的。在序言中他说道："《穿裤子的云》我认为是当代艺术的基本思想'打倒你们的爱情'、'打倒你们的艺术'、'打倒你们的制度'、'打倒你们的宗教'——这就是四部乐章的四个口号。"

2. 未来主义戏剧

马里内蒂在《未来主义戏剧宣言》中声称，未来主义戏剧的任务是要"彻底摧毁导致传统戏剧僵死的手法"、"在舞台上展现我们的智力从潜意识、捉摸不定的力量、纯抽象和纯想象中挖掘出来的一切，不管他们是如何违背真实、离奇古怪和后戏剧。"

在表现手法上，未来主义戏剧为要显现非理性效果，做了大量独出心裁、标新立异的尝试，如塑造各种非理性的舞台形象，运用完全不合常规的语言表达方式，采用短到只有几分钟的戏剧篇幅以及尽其所能地创造种种神秘恐怖的舞台气氛等。

未来主义戏剧的代表性作家和主要作品有：

马里内蒂的《月色》(1915)、《他们来了》(1916)；

R. 基蒂的《黄与黑》；

F. 卡涅尤洛的《枪声》、《只有一条狗》等。

马里内蒂《他们来了》　吕同六译

豪华的客厅。

晚上。巨大的吊灯放射着耀眼的光亮。

舞台的左方，是敞开的门、窗，通向花园；靠近墙壁，摆着一张巨大的长方形桌子，上面铺着桌布。舞台的右方，也有一扇敞开的门；靠近墙壁，摆着一张异常高大的安乐椅，安乐椅的两边，一字儿摆开八张座椅，左右各四张。

总管和两名穿燕尾服的仆人从左边的门上。

总管 他们来了。赶紧准备。(下)

仆人们忙乱起来，把八张座椅围绕安乐椅摆成马蹄形。安乐椅和长方形桌子仍在原地不动。

仆人们走到门口张望，背向观众。

长久的等待。

总管气喘吁吁地从花园上。

总管 新的命令。他们非常困乏……赶紧准备一批枕头、凳子……(下)

仆人们从右边的门下，然后带枕头、凳子上。他们把安乐椅搬到客厅正中，在安乐椅的两边，各摆四张座椅，椅背朝着安乐椅。安乐椅和每张座椅上，放着一个枕头；安乐椅和每张座椅前面，放一张凳子。

仆人们又走到门口张望，背向观众。

长久的等待。

总管气喘吁吁地从花园上。

总管　新的命令。他们肚子饿了。准备开饭（下）

仆人们把长方桌抬到客厅正中，围绕桌子摆好八张座椅，安乐椅摆在上座，匆匆下。然后从右门上，布置餐桌。在第一个座席前，放一瓶鲜花；第二个座席前，放八瓶酒；其他座席前，仅仅放一副餐具。

有一张座椅应该靠在餐桌上，座椅的两条后腿立起，像餐馆中通常用来表示“保留座位”那样。

仆人们收拾完毕，又走到门口张望，背向观众。

长久的等待。

总管奔跑急上。

总管　Briccatirakamekame（下）

仆人们立即把准备好的餐桌重新搬回幕起时的位置。然后，把安乐椅斜放在通向花园的门的前面；八张座椅尾随安乐椅一字长蛇阵地摆开，形成一条对角线，穿过舞台。

仆人们熄灭吊灯，舞台上一片昏暗。月光穿过通向花园的门，洒在舞台上。

一盏瞧不见的聚光灯，把安乐椅和八张座椅的影子照射在地板上。随着聚光灯的移动，这些影子也分明变得越来越长，朝着通向花园的门移动。

仆人们龟缩在舞台的一个角落里，浑身颤抖，极其痛苦地等待着安乐椅和座椅缓慢地“走”出客厅。

——剧终

在《他们来了》这一短剧中，没有传统戏剧的完整的情节和戏剧冲突，剧中的台词甚至只有总管说的三句，外加一句谁也听不懂的胡言乱语。一群不说话的人物为了迎接等待不知为何人的客人们，将巨大的安乐椅和八张座椅搬过来搬过去地变换着位置。最后，一个客人也没露面，而不断被移来搬去的椅子却渐渐地生长出了一种奇特的、幻觉般的生命。最终，随着它们影子朝着门口的拉长移动，观众会感觉它们真似有了生命，自己走出门去。面对这样情景，剧中的人却显现出惊恐不安、茫然不知所措。

在极端有限的时间、空间里展现这种夸大的，违反理性的舞台形象，正是违背真实、离奇古怪和反戏剧的未来主义作品的体现。马里内蒂对此解释道：“在《他们来了》一剧中，我试图创造一种富有生命的物体的合成，一切感觉敏锐和富于想象力的人，自然都会发现，在没人的屋里，那些桌椅，尤其是安乐椅和座椅，呈现出给人以深刻印象的姿势，充满神秘的启示。我正是以这一观察为基础，创造我的这一合成。”

基蒂《黄与黑》

《黄与黑》被马里内蒂视为最优秀的未来主义剧作，并称赞基蒂是“纯粹的艺术家”。

两场短剧的《黄与黑》有个副标题“——内心的恐怖”，全剧从头到尾就是围绕着主人公约瑟夫内心的恐怖心理展开的。战壕里，约瑟夫难抑恐怖，他时而侧耳倾听周围的动静，时而睁大眼睛向黑夜中搜寻那狡诈的枪眼。面对死亡的时时威胁，最终失控的他竟朝自己人开了枪，之后疯狂地呼喊着：“魔鬼的翅膀就在我们头上！……快跑啊！……黄黑两色旗帜就是刽子手奥地利皇帝的两只眼睛，正盯着我们呢！……”他撕碎奥地利黑黄两色旗从前线逃走当了逃兵。

剧作依据未来主义戏剧理论，摒弃传统的戏剧手法，借人物的直觉和想象、潜意识和幻觉，表现参加第一次世界大战的奥地利士兵遭受死亡威胁的心理煎熬。恐怖如影随形、魔鬼缠身般无法摆脱，它主宰控制着人，沉重地压抑着人的心灵。

未来主义绘画

未来主义虽然从文学领域开始，但在绘画方面的影响和成就甚至更大。在马里内蒂的支持下，活跃在他周围的画家们也在 1910 年发表了《未来主义画家宣言》，明确地表明了他们的未来主义的观点和主张。《宣言》中说：

一切模仿的形式必须受到藐视，一切创造的形式应该得到歌颂。

重要的是对“和谐”、“趣味高雅”等术语的专横统治进行反抗，这些都是过分具有伸缩性的词语；借助他们来毁坏伦勃朗、戈雅和罗丹的作品是轻而易举的。

艺术批评家是无用的或有害的。

宇宙之力应当在绘画中作为一种力的感受而得到表现。

所有事物都不断在运转，都不停地在改变。在我们的眼前，这些事物的轮廓从没静止过，它们持续地出现和消失。如以视觉暂留的理论来解释，移动中的物品将造成持续性的多重影像，它们的形态往往在快速的震动中不停地在改变。因此，一只快跑的马就不止四只脚，而是二十只，且脚尖的行进呈现三角形……

可见，《画家宣言》是要否定一切传统的艺术，宣称绘画就是要表现运动感和速度感。他们迷恋运动着的物体，热衷表现它们的运动之美：飞驰的汽车、火车，正在比赛的自行车，奔跑着的动物以及舞者都是他们钟爱的题材。似乎他们的任务就是围绕马里内蒂提出的表现机械感和运动感的文学理论去进行绘画表达的探索。所以如何以绘画来表现宇宙之力、表现物体运动和速度的美感则是这些画家们最要倾力探寻之事了。

未来主义画家们主要探索表现光线和物体穿越空间时给人留下的印象。如同其中的画家所描述的那样，“我们的身体穿透我们所坐的沙发，沙发也穿透我们的身体。”受新印象主义的点彩和分色技巧的影响，画家们对色彩的运用大多比较强烈，如被棱镜分解过一般呈现出某种特别的闪烁波动。同时他们还从立体主义绘画多点观察事物的方法及拆解形体的处理手段中，发现了符合自己要追求的表现动感和力感的方法，即在《绘画宣言》中所说的“运动与光破坏物体的本质”，并将这种方法运用到创作实践中。如：

巴拉在 1912 年受多次曝光摄影启发所创作的《系着皮带跑动的狗》。

《系着皮带跑动的狗》 巴拉

贾科莫·巴拉（Ciacomo Balla，1871—1958）是意大利油画家、雕刻家和工艺设计师，未来画派的重要人物。

这是一幅创作手法十分独特有新意且画面又颇为有趣的作品。画面上呈现出来的是长裙拖地的时尚女子牵着其宠物小狗在街头散步的情形。为了表现是在行进当中，创作者模仿摄影技术把狗的腿变成了一连串腿的组合，几乎形成半圆，不由地让人想到车轮。女子的脚、裙摆及牵狗的链子也做了同样的描绘，即将运动中事物先后经过的位置进行了扫描般的连续记录，从而留下了它们空间进程的记忆。这种将物体不同时间的瞬间形象同时凝结在同一个画面上的方法，着实是艺术家们为使绘画这种凝固瞬间的艺术也能真切地表现物体运动状态所求得的一种解决之道。里德曾在他的《现代绘画简史》中评价说，未来派画家对运动问题的解决方法带有几分稚气，“他们说，一匹奔驰的马不是有四条腿，而是有二十条腿，它们的运动是三角形的。于是他们画马、画狗、画人，都画成多肢体的东西，处在连续的或放射状的安排之中。”①

巴拉 《快速飞翔》

《快速飞翔》 巴拉

在探索表达运动感和力量感的过程中，巴拉很快就放弃了《系着皮带跑动的狗》中所采用的那种朴实的写实方法，而改用了接近于抽象主义的手法。他以形和色为基础，用带有抽象意味的符号组构画面。作于1913年的《快速飞翔》正是这样的一件作品。

在这幅画中，竖线把背景分割为大大小小并不规整的矩形，鸟羽则以其整齐排列创造出锯齿状斜线。在它们的衬托下，前景中飞鸟掠过所留下的横越画面的弧线看起来更加生气勃勃，富有动感。竖线、斜线和各种曲线相互抗衡又相互依赖，鲜艳明快的红、黄、白色与沉着稳定的灰褐色相互衬托又相互对比，使作品获得了某种特别的力量感。在这里，巴拉以线、色、形的抽象因素把运动的连续性演变成为图形的装饰性，当然，这种装饰性仍以运动感为基础。

波丘尼《美术馆里的骚动》

翁贝特·波丘尼（Umberto Boccioni 1882—1916）意大利画家和雕塑家，未来主义画派的核心人物。他不仅是这个运动

---

① 《现代绘画简史》，赫伯特·里德著，刘萍君等译，上海人民艺术出版社，1979年，第60页。

的推动者，也是这个运动的杰出理论家。他于1910年发表了《未来主义绘画宣言》，1912年的发表了《未来主义雕塑家宣言》。

他的理论通过他的作品来实现，别出心裁的作品，展示了他在绘画和雕塑领域所取得的独特成就。雕塑领域，他也是佼佼者，他认为可以在雕塑中使用更为广泛的材料，“玻璃、木材、硬卡纸板、钢铁、水泥、马鬃、皮革、布料、镜子、电灯等等”，这种非传统物质的使用虽未在其自己的作品中出现过，但在后来的达达主义和构成主义中变为现实。

《美术馆里的骚动》 波丘尼

这是波丘尼的第一件未来主义绘画作品。作品采用了俯视的角度，把美术馆里的混乱和无序充分展示在观众面前。运动和奔跑着的人们涌向大门，传达出骚动不安的气息，而放射状构图进一步强化了这种感觉。色彩是新印象主义的，这得益于他曾在巴拉画室接受的专门的新印象主义技法训练。光和色被打碎成一片小点，烘托着运动和杂乱的气氛。在这里，嘈杂和乱哄哄的刺激也许正在暗示我们，美术馆所隐喻的古典艺术受到了现代工业文明的冲击。

波丘尼《城市的兴起》

1910—11年波丘尼创作了《城市的兴起》。画家所追求的是“劳动、光线和运动的伟大综合”。当时，米兰作为新的

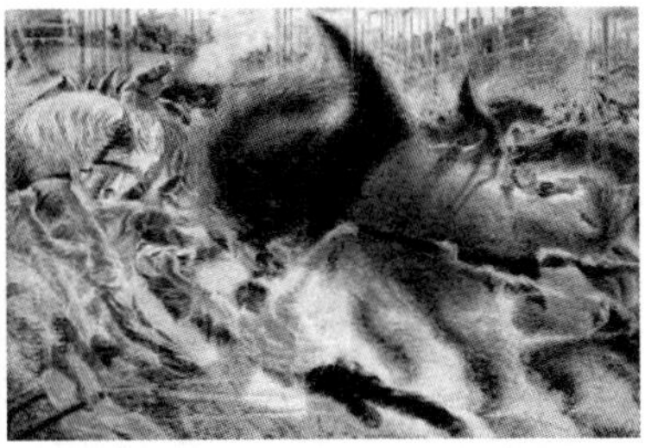

《城市的兴起》　波丘尼

工业城市正在建设中，波丘尼看到工业和巨型建设欣喜不已，而对旧物却极端厌恶。他说，“古旧的墙壁和宫殿令我作呕。”“我希望新事物，富于含意的事物，强有力的事物。”强力的一词是描述《城市的兴起》的。一匹狂奔的强悍的大红马融在自己的活力中，将街上的人撞得东倒西歪。背景是正在兴起的工业建设。画面以鲜艳的高纯度颜色、闪烁刺目的光线、强烈夸张的动态以及旋转跳跃的笔触表达了未来主义者的信条：对速度、运动、强力和工业的崇拜。波丘尼强调：“观众‘在将来必须置身于画中央’，经受未来主义从它的母题中提取的整个周围环境的线、面、光和噪音的急促不清的语言。”① 从画面渗透出的动感和节奏中，我们的确感受到了这些以及波丘尼的发明：“线条—力量，即一切物体借以对光线和阴影做出反应，并产生出外形力量和色彩力量的能量。”②

塞维里尼《塔巴林舞场有动态的象形文字》

吉诺·塞维里尼（Gino Severini，1883—1966）曾与波丘尼一道在巴拉画室学习，后来从事过古画临摹工作。1906年，他迁居巴黎，与许多现代艺术名流如布拉克、毕加索、杜菲等人交往。塞韦里尼强调“客观物体不复存在”，号召在艺术上

① 《新艺术的震撼》罗伯特·休斯著，刘萍君等译，1989年，上海人民美术出版社，第38页。

② 《现代绘画辞典》，雷蒙·柯尼亚等著，徐庆平等译，人民美术出版社，1991年，第30页。

摧毁“物质统一”观念。他的作品，不仅受到他的未来派同行的启迪，更受到立体派的影响。1915 年以后，他转向了立体主义。

《塔巴林舞场有动态的象形文字》是塞维里尼（Gino Severini，1883—1966）作于 1912 年的一件代表作，该作品展示了其未来主义绘画的特点：立体主义手法及巴黎夜生活题材。

《塔巴林舞场有动态的象形文字》
塞维里尼

这幅画是画家根据他在意大利的记忆而创作的，是画家记忆片断的闪现、交织和联想，充满了强烈的召唤力。塞维里尼“试图以这些参差不齐的形状表现爱德华式波普音乐的急促迅猛的节奏——神经质的粉红色短裙，紫红色裙子的摇摆着的楔形饰条（都缀着金属小圆片以捕捉光）；一个可能喝醉的、戴着单片眼镜穿着丝绸衬衣的大人老爷皱巴巴的脸；字母的片断；同性恋者；闪闪发光的三角国旗（美国的、法国的、日本的，当然，还有意大利的）悬挂在背景上，……作品看上去完全像是一架机器，稍稍有些失去控制，‘一座快乐的机器’，反映了公共娱乐的狂乱的和活动木偶似的性质，而其他艺术家则开始在大众文化中觉察。”①画家以立体主义的分解手法画出了许多的多面体，这些多面体在不断变化的曲线中跳跃，使画面充满未来主义所追求的运动感。而闪烁的强烈色彩，形成富有节奏的韵律，则是对运动感

① 《新艺术的震撼》罗伯特·休斯著，刘萍君等译，1989 年，上海人民美术出版社，第 38 页。

的进一步强化。

鲁索罗《雾的坚固性》

路易吉·鲁索罗（Luigi Russolo，1885—1947）是自学成才的艺术家。在未来画派的五位创立者中，他的作品可以被看作是对理论的图解。虽然不像其他画家那样有创造性，但能把未来主义观点阐释得比较清楚，让人易于理解。

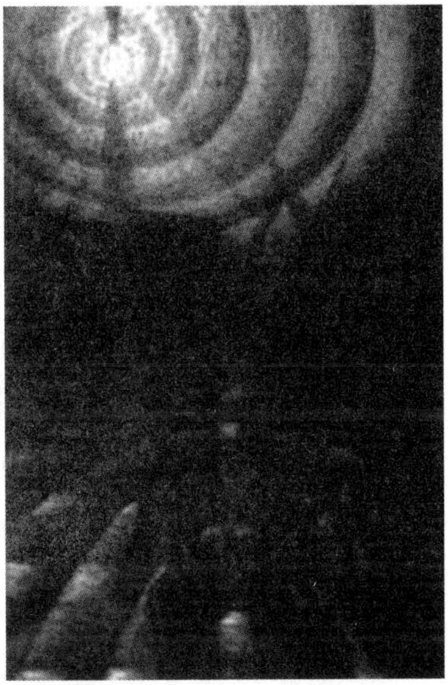
《雾的坚固性》　鲁索罗

《雾的坚固性》作于1912年，是一幅带有装饰意味的画。由于浓雾笼罩，一切变得暗淡无光。太阳努力穿过雾气，把光线传送出来。于是，阳光和浓雾化为一圈圈仿佛伸手可取的光环，光环统帅着整个画面，把前景的人物变作模糊不清的阴影。蓝色色调和逶迤曲线的融合创造出有情调的音乐式韵律和动感，表达了画家对自然景象的独特视角。鲁索罗的兴趣并不全在绘画上，有段时间他沉迷于试验“噪音音乐”而完全搁下了画笔。他相信，一切声音都是音乐，假如你懂得如何去听的话。他用他鼓捣出的噪音乐器奏出音域极宽的各种声音，这种未来主义音乐试验被看作现今电子音乐的先声。

从绘画上看，未来主义没有统一的风貌，也没有太多的创造，但这一切并不能抹杀它的重要意义。正如《现代绘画简史》的作者里德所说，就整个而言，“它对现代运动的贡献是重要的和有决定性作用的。……它们的真正的重要意义却在于：它们促进了大家对我们时代的典型事物的一种新的感受，如对机械的感受；促进了大家对现代人最切身的事物的感受，如对速度的感受。”①

未来主义的艺术特征：

第1，力图将文艺变成现代生活的“动力学”，着力表现“运动感”。

在未来主义那里，“运动”是当下及未来时代的特征，力则是生活中最高的美。当今和未来都属于速力，“整个资本主义的新时代是从封建时代的静学移向力学去的”，为此文学艺术也必须改变自己，按照生产方式的变化来确立自己的新使命，即要将反映运动、速度和力量的美作为开创新的、未来艺术的使命。于是，他们调动一切艺术手段来刻画运动中事物的形态，如在《致疾驰的汽车》、《飞跃的都市》中，那些“喘着粗气奔跑的汽车”、“巨大的机械”都成了颂扬的对象。在他们看来，运动、速度和力量就是美的准绳，甚至认为，作为“运动”的战争也是美的，是“伟大的交响曲”，是艺术最终极的形式，应当被讴歌。这种极端的观点使马里内蒂等人公然支持意大利的法西斯主义，成为法西斯主义的同路人。

第2，借助“幻象”来表现现代生活，艺术家有被说成“魔术师”或“巫师”。

在未来主义看来，要表现作为现代生活的本质和最高的美的运动、速度和力量，再用那些平面地临摹现实的传统手法已无可能，必须寻求新的、独特的方式加以表现，而这种独特的

① 《现代绘画简史》，赫伯特·里德 著，刘萍君等译，上海人民美术出版社，1979年，第60页。

方式即他们所说的“幻象”。

以柏格森的直觉主义和弗洛伊德的精神分析学中的“无意识”理论为依据，未来主义者们主张以幻觉错觉、不着边际的想象、神秘的梦境等作为艺术创作的题材，如马里内蒂所言，要去表现“从潜意识、捉摸不定的力量、纯抽象和纯想象中发掘出来的一切。”通过潜意识、无线索的想象、物体的灵性、通感等来表现物体那种“奇特的、幻觉般的生命”，以此“给人以深刻印象的态势并充满神秘启示”。我们从马里内蒂的剧作《他们来了》当中那些好似自己移动起来，像门口走去的桌子、椅子，似乎多少可以领略这种“奇特的、幻觉般的生命”及物体的灵性。

第 3，更新语言。未来主义者为更好地使用他们自己那套表现手法，在语言文字上下了大功夫来进行更新。他们全盘否定语法规范，废除标点符号，杜撰新词，引入新词。马里内蒂解释说，这是因为“生命深层的主角反映一个接一个，蹦出一个一个单字，随着他们一个个非逻辑的产生，在我们面前呈现出非物质的直觉心理概况”。所以，要用“自由不羁的字句”去写诗，去体现机器和电光的“运动感”，去组成“声、响、味、重量和神秘之力的抽象的图画”；俄国的未来主义甚至提出：“打到作为工具的文字，自我目的、自我发展的文字万岁！”①

未来主义对 20 世纪其他文艺思潮产生了影响，包括艺术装饰、漩涡主义画派、构成主义和超现实主义。未来主义作为一种艺术思潮从 20 年代开始衰落，如今已经基本绝迹，然而，

① 转引自伏尔科夫《二十世纪俄国文学》，莫斯科教育出版社。1957 年。

未来主义所倡导的一些元素至今仍然是西方文化的重要组成部分。如未来主义对年轻、速度、力量和技术的偏爱在很多现代电影和其他文化模式中得以体现。他们的一些艺术主张，如反对“一切模仿的形式”，提倡“一切创造的形式”，反对既定规范及“和谐”、“高雅”等传统鉴赏标准，尽管言语过激，但不失为重要的现代意识，事实上，“正是这些观点的力量，而不是这些观点实现的程度，才使得未来主义名扬整个欧洲，才使得它甚至在马里内蒂自己的才能名誉丧失殆尽以后还能成为一种建设性力量”。①

① 《现代艺术的意义》，约翰·拉塞尔著，陈世怀等译，江苏美术出版社，1996年，第157页。

第四章

萨特的存在主义与现代主义艺术

萨特

存在主义是现代西方哲学中带有国际性的一个重要派别，也是现代西方人本主义思潮的典型代表。它反映了西方社会进入20世纪以来所面临的深刻社会危机，也是19世纪中期以来出现的现代西方非理性主义哲学思潮同胡塞尔的现象学运动的一种汇合。

一、存在主义的产生和发展

存在主义于20世纪20年代产生于德国，二次世界大战后的20世纪40—60年代在西方国家广泛流行，并成为一种国际性的、引起社会各个阶层强烈反响的哲学、文学和生活方式运动，其影响深入到社会生活的方方面面。当时资本主义社会各阶层的人们都强烈地谈论着存在主义，许多人以自称为存在主义者当作最时髦的事情。对此匈牙利文艺理论家柯伯茨·贝拉说："存在主义已经像大气压那样到处存在了，…… 存在主义已经成为在现代资产阶级知识分子中间占统治地位的精神潮流。"[①] 60年代以后，人们这种激情渐渐过去，但存在主义并未消失，它深入到了人们的内心，变成了一种思想方式和生活原则，对社会各个领域继续产生着影响。

（一）思想渊源

存在主义哲学最早可追溯到丹麦的克尔凯郭尔创立的基督教存在主义哲学，后传入德国，具有代表性的哲学家是海德格尔、雅斯贝尔斯和现象学的创始人胡塞尔，再后来到了法国，经萨特、加缪之手与文学结合在一起，迅速得到广泛传播并流行起来。

丹麦哲学家索伦·克尔凯郭尔（Soren Aabye Kierkegaard, 1813—1855）是存在主义哲学的先驱，是有神论（基督教的）的存在主义者，他强烈反对笛卡尔、斯宾诺莎以及黑格尔等人

① 转引自骆嘉珊：《欧美现代派作品选》，云南人民出版社，1982年。

的理性主义哲学。在他看来，黑格尔哲学是一种用思想整体来牺牲个人、使人非人化的哲学，是对人的地位和尊严的一种蔑视。黑格尔把世界的一切都视为客观精神的显现，一切具体的、特殊的存在都是这个普遍存在的实例，是这个整体中的某一阶段中某一成分。这样，人实际上失去了自己的自主性和独立性，失去了做出决定和进行选择的可能性，失去了自己的个性和自由，从而也将使自己忘却了对发生的事件责任，取消了个人从伦理上对待自己和世界的可能性。总之，这样的哲学体系从概念到概念，抽象思辨，玄而又玄，远远脱离人生，对人的现实生活没有意义，不是真正的哲学。

克尔凯郭尔认为，真正的哲学是人的哲学，是说明人生和对人生有指导意义的哲学。在他的哲学中，人的概念并非“类”的概念，而仅指“个体”。这“个人”的存在诉诸其主观精神，是精神给个人以生命，所以哲学所研究的存在是指生存着的个人的主观“存在”，而非客观物质和理性意识的存在。在他看来，人并不是什么理性的动物，并不依据某种抽象的理性原则而活动，人只是活动着的人，人的活动是本能的、非理性的激情活动。因此，人是绝对自由的，人生就是自己选择自己和自己创造自己的过程。

“克尔凯郭尔曾有个愿望，就是在他将来的墓碑上刻上这样的墓志铭：‘那个个人’。的确，从普遍性返回个体，从大众回归个人，正是他留给后人的最重要的启迪，从而使他成为20世纪存在主义的先驱”①

① 张志伟《西方哲学史》，中国人民大学出版社2008年，第717页。

（二）存在主义在德国

存在主义产生于20世纪20年代的德国。其标志是德国哲学家海德格尔于1927年出版的《存在与时间》一书。海德格尔和雅斯贝尔斯是德国存在主义哲学的主要代表，他们的影响主要是在哲学界。

存在主义属于广义现象学运动，理论上与现象学有着密不可分的渊源关系。现象学所主张的“回到事物本身”的口号要求人们把最熟悉、最本真、最接近的东西当作哲学的研究对象，海德格尔把胡塞尔（Husserl）所说的“现象”从“先验自我”领域转到了“人的存在”的领域，这是现象学发展的必然结果。①

海德格尔（Heidegger，Martin　1889~1976）

海德格尔从人的存在入手研究哲学。他认为那最熟悉、最本真、与人贴得最近的东西并不像胡塞尔所说是人的意识，而是人的存在。意识于人有时是可以处在游离或荡机状态的，但存在却随时随地与人同在。因此强调应当首先追问人的存在，因为只有人才能领悟到自己的“在”。他认为，过去的哲学研究专注于“存在者”，而忽略了“存在”，而存在乃是任何一个存在者在具有任何内容（如人的品性、人的本质）的时候都必然已经具有的性质，没有存在，就不可能有存在者。然而，要解决存在的问题，必须要追溯到一种存在者，这种存在者必须在具有任何内容之前就已经明确他的存在。在海德格尔

---

① 赵敦华《现代西方哲学新编》，北京大学出版社2001年，第120页。

看来，只有个人才是这种存在物。

海德格尔认为，个人的存在由三个存在的方面组成。第一个方面是个人对周围环境世界的体验。第二个方面是对其他个人的体验。这是复杂社会关系的基础，因为每个人都是以主观的方式来体验别人的。第三个方面是自我的世界。个人意识到自己乃是一个与其他人不同的独特的主观的存在。在这方面，最重要的是焦虑的心境。

（三）让·保罗·萨特（Jean Pual Sartre　1905—1980 法国）

第二次世界大战开始不久，法国就迅速地被德国法西斯的军队占领，这使法国的知识分子深感失望、痛苦，心情沮丧，这为存在主义在法国的发展提供了适宜的土壤。法国存在主义的主要代表人物有萨特、马塞尔、加缪、梅洛—庞蒂等人。其中萨特的影响最大。

萨特是法国的无神论存在主义者，著名作家、哲学家、政论家，生于巴黎，一岁丧父，十二岁母亲改嫁，这在很大程度上使萨特幼小的心灵孤独、敏感，过早地成熟。他从小天资聪颖，智力超群，三岁就开始与书为伴，这得益于他有一个教书的外祖父，有一屋子读书可以去读。七岁时他就已经能阅读诸多法国文豪如：伏尔泰、拉伯雷、福楼拜、雨果等人的作品了，读书成为他生命中最重要的事情。用他的话说："我找到了我要信奉的宗教，对我来说，没有比书更重要的了……。"[①] 读书使他学会了思考，同时也体验着孤独。1929 年毕业于巴

① 萨特：《词语》巴黎伽俐玛出版社，1964 年法文版，第 52 页。

黎高等师范学院。在校求学期间，他结识了一批具有反叛旧传统精神的青年知识分子，如阿隆、梅洛·庞蒂、列维·斯特劳斯等，这些人都成了以后几十年法国思想界举足轻重的人物。此外，他也接触了马克思主义，同情工人运动。毕业后到中学当哲学老师，1933 年去柏林法兰西学院学习一年，研究德国现代哲学，着重研究胡塞尔和海德格尔的著作，开始形成无神论存在主义思想。

希特勒上台后，德国对萨特采取了敌视的态度，1935 年他回到巴黎。1939 年二战爆发，这场空前的浩劫，使萨特本人也改变了许多。萨特说："战争确实把我的生命一分为二。战争开始时我只有三十六岁，而在它结束时我已经四十岁了。这确是从青年时代到成熟壮年的过渡……这使得我的生活在战前和战后发生了一次真正的转折。"① 1939 年他应征入伍，第二年被德军俘虏。德军集中营的生活经历让萨特挥之难去。对于这段生活，他曾讲到："如果我总是把存在主义的某些面貌悲剧化，那是因为我忘不了在集中营中经历过的感情：那时的我经常地、赤裸裸地在别人的目光中生活，而地狱就自然而然地建立起来了。"② 他在俘虏营学习写剧本，并为难友们作曲和导演戏剧。1941 年萨特伪造证明得以被释放回到巴黎并以更高的热情加入到反法西斯的抵抗运动中。战争前萨特是远离政治的人，战争的爆发改变了这一切。他强烈意识到必须走出书斋，"介入"到现实中去，在现实中去实践自己的哲学思想。

---

① 萨特：《处境》第五卷，巴黎伽俐玛出版社，1976 年法文版，第 180 页。

② 《从 A 到 Z 的戏剧，让·保罗·萨特》见《戏剧舞台前台》1968 年 5 月第 402—408 号

战后，他参加左翼政治活动，成为共产党的同路人，1955年秋还访问了新中国。1956年匈牙利事件，使萨特和许多法国左派知识分子一样对苏联为首的共产党失去信心随即与之分道扬镳，但他依然坚持左派立场，积极地谴责和反对侵略战争。

1964年，瑞典皇家学院决定授予萨特诺贝尔文学奖，理由是："他那思想丰富、充满自由气息和探求真理精神的作品已对我们时代产生了深远影响。"但萨特拒绝接受，表示"谢绝一切来自官方的荣誉。"引起公众的广泛议论。萨特认为自己是超出荣誉之外的，"我无法想象谁有权给康德、笛卡尔或歌德一项奖，这奖意味着现在你属于一个等级。我们把文学变成了一种有等级的实在，在这种文学中你处于这种或那种地位。我拒绝这样做，所以我拒绝一切荣誉。"①

1980年4月15日，萨特逝世于巴黎。由于他一贯拒绝官方的荣誉，法国政府尊重他的遗愿，未为他举行国葬，但共和国总统德斯坦以私人身份与法国五万多群众一起参加了他的葬礼，哀悼这位象征着时代精神的哲学家。当时，无论是什么国度、什么党派，无论是政治界、哲学思想界、文学艺术界，人们都不能不感到若有所失。

（四）形成和发展的直接现实条件

19世纪末20世纪初，资本主义发展到了帝国主义阶段．帝国主义内部和外部矛盾的激化，导致了第一次和第二次世界大战的爆发。特别是第二次世界大战，先后有60多个国家、

① 西蒙娜·德·波伏瓦：《萨特传》，第287页。

世界五分之四的人口卷入了其中，数以千万的无辜生灵遭涂炭，全人类付出了极其惨重的代价，尤其是欧洲国家。

帝国主义战争的空前残酷性和破坏性，不仅城市、乡村处处残垣断壁、满目疮痍，也使人们的精神家园遭受重创。曾经的信仰、以往的理性、传统的观念，包括自由、平等、博爱这些人们最熟悉不过的字眼，都在战争中成了战争狂人任意践踏的对象，在炮火中处处伤痕，甚至灰飞烟灭。经历战争生与死的人们深深体验到战争带给他们的孤独、焦虑、荒谬、恐惧乃至绝望。即便战争结束了，这种心理上的阴霾及心灵上的巨大创伤依然难以驱散和平复。萨特曾在他的《自由之路》三部曲小说的第三部《灵魂中的死亡》中说道："战争和失败摧毁了世界给人们造成的安宁和确信，正在结束的战争使人觉得自己赤条条，没有任何幻想，完全委弃给自己的独有力量，终于理解到只有自己可以依靠。""那时，我们过量地饮酒；首先是因为那时有很多酒；其次则是因为我们的感情需要有所发泄。那是节日，但却是奇怪的节日；刚刚消逝的可怕的过去时常来扰惑我们。在未来的面前，希望与怀疑把我们一分为二。平静并不是我们的命运。"① 战争结束时人们依然如是说。战争中的生与死也将人性人生的一些重大问题逼到人们面前：人是什么？人性如何？是善是恶？在暴虐面前，自己有没有违背良心做了不该做的事？自己该不该承担这样做的责任？等等，有关人的本质、人的责任、人的尊严和价值、人生的意义、人类的命运等诸多"人的问题"都成了十分尖锐的问题，成了社会各阶层的人们思考和关心的问题，也亟待给出答案。这种

① 参见F·詹逊：《萨特评传》巴黎色伊出版社，1974年版，第154页。

状况为存在主义的产生准备了客观的现实条件。存在主义力图回答的就是人面对恐怖与荒谬的现实该如何选择、如何坚守人的尊严并保持自己的特性等种种问题。

此外，资本主义的现代化大生产，加深了人的异化。物质财富的创造者反倒成了物质财富的奴隶，人主宰不了物而是物主宰和控制着人，致使人也变成了物。（卓别林的《摩登时代》中许多精彩的片段，十分形象和深刻地揭示了这一点。）人异化为非人，失去了人的价值也就失去了自我本质。因此，产生了一股反机械控制，要求寻找自我，要求自由和要求过有丰富感情的自然生活的情绪，这种情绪为存在主义的产生和传播提供了一股相当大的冲力。

二、存在主义哲学和存在主义文学

萨特本人十分注重将哲学和文学有机地结合去创造一种新的思想表达方式。早在巴黎高等师范学校学习期间，他就曾雄心勃勃地说："我要同时成为司汤达和斯宾诺莎！"①

存在主义是个很复杂的哲学和文学体系。萨特有意识地将存在主义的哲理贯穿到其文学作品当中，让哲学成为文学的基础和灵魂，使文学更有根基更有底蕴也更具独特之风格，同时又让文学承担其传播和普及哲学思想的任务。这样存在主义文学因存在主义哲学而自成一派，存在主义哲学因存在主义文学得到广泛传播。

法国存在主义主要代表人物的主要作品

---

① 参见法国《新观察》周刊，1983 年 3 月 25 日，《与西蒙娜·德·波伏瓦谈话录》。

萨特：

哲学著作：

《存在与虚无》1943 年出版。它是一部艰深晦涩、长达 700 多页的哲学巨著，标志着萨特无神论存在主义哲学体系的基本形成，也为他在哲学上赢得了地位。在书中他第一次提出“存在先于本质”这一存在主义的重要命题。论述了最重要的存在主义概念，如偶然性、意识和虚无等，给人以深刻印象。

《辩证理性批判》1960 年出版。这部哲学巨著系统阐述了萨特的历史学和社会学观点。在这部著作中，萨特力图表明他并不要抛弃马克思主义，而是要用存在主义的人学来弥补马克思主义对人的忽视，把马克思主义同存在主义结合起来，恢复“人”在马克思主义中的地位。

小说：《恶心》（又译为《厌恶》，1938 年）、《墙》（1939 年，短篇小说集）、《自由之路》三部（1945—1949 年）；

剧本：《苍蝇》（1943 年）、《间隔》（又译为《禁闭》，1944 年）、《死无葬身之地》（1946 年）、《毕恭毕敬的妓女》（1946 年）、《肮脏的手》（1948 年）、《魔鬼与上帝》（1951）等。

评论：《存在主义是一种人道主义》（1946 年）《处境》十卷（1947—1976 年）

回忆录：《词语》（1964 年）

阿尔贝·加缪（Albert Camus，1913—1960）

出生于阿尔及利亚的蒙多维城，是法国著名的小说家，戏剧家和理论家，存在主义主要代表人物之一。

《局外人》（1942年）是加缪的成名作，也是他的代表作。小说主要表现一个小职员默而索与社会格格不入的立场。默而索总觉得自己活在世界上是一种偶然的错误，因而把自身当作是一个与世无关的“局外人”。通过小说，加缪试图阐明世界是荒诞的，人的生存姿态也是荒诞的观点。如加缪自己所说：“《局外人》描写的是人裸露在荒诞面前。”“局外人”默而索的寡言、冷漠，直至愤怒，都是他对环境的自觉反应，他不想用社会的惯例来约束自己的言行。批评家们曾把他看作自然人、野蛮人、荒诞的人、低能的人，或者是理性的人、清醒的人、现代的人等等。他的面目是清晰的，又是模糊的。事实上，也正是这种主题、人物、内容、叙事方式上的含混，使《局外人》变得扑朔迷离，具有不可穷尽的意义，给不同的读者带来探索的乐趣。

《鼠疫》（1947年）被认为是加缪最有影响力和社会意义的作品。作品描述了在一个叫奥兰的小城发生的一场持续将近一年的鼠疫之灾。“鼠疫”曾被指代为当年的法西斯恐怖，对抗鼠疫的斗争隐喻反法西斯的斗争。加缪曾说：“我想通过鼠疫来表现我们所感到的窒息和我们所经历的那种充满了威胁和流放的气氛。我也想就此将这种解释扩展至一般存在这一概念。”作者意在指出，世界是荒诞的，面对荒诞的世界，人类应该团结起来共同抗争。显然，“鼠疫”已不仅是一种具体的传染病，而且是纳粹、战争、疾病、孤独、离别、死亡、恶行等等多层面的象征。既然是人抵抗恶，当然也就离不开人及其生存的世界。该书在战后的西方社会一经面市就引起巨大轰动，并使作者获得1957年诺贝尔文学奖。

1957年，加缪因“他的重要文学作品透彻认真地阐明了当代人的良心所面临的问题”，获得诺贝尔文学奖。

《西西弗斯的神话》（1942 年）是篇哲学随笔，它以优美如诗的语言，提出了与人的生命息息相关的一个个命题。《西西弗斯神话》则进一步使这种哲学观点系统化、理论化。希腊神话中因获罪天神而被罚做苦役的西西弗斯，每天推石上天，继而巨石又滚到山下，如此周而复始，永无止境，加缪认为这正是人类生存状态的象征，荒诞之极，毫无意义。而意识到荒诞、勇于面对荒诞、接受荒诞命运的西西弗斯，则是一位值得推崇的荒诞英雄。

《卡里古拉》（1945 年）这部戏通过对古罗马暴君卡里古拉疯狂可怕的暴行的描写，极富哲理地揭示了世界的荒诞性。

1939 年写成并于 1945 年首演的四幕剧《卡里古拉》、1942 年出版的哲学随笔《西西弗斯神话》及《局外人》这三部体裁各异的作品，组成了加缪的荒诞三部曲，从而形成了他独具特色的荒诞哲学。

西蒙娜·德·波伏瓦（Simone de Beauvoir（1908—1986）

20 世纪法国最有影响的女性之一，存在主义学者、文学家，萨特的终身伴侣。19 岁时，她发表了一项个人“独立宣言”，宣称“我绝不让我的生命屈从于他人的意志”。

在与萨特相伴的五十多个春秋中，波伏瓦始终是萨特最亲密、最忠实的伴侣。他们一生都没有履行法律上的结婚手续。两人情深意笃同时又保持各自的独立和自由。他们彼此甚至可以做到互告新欢，但又执着于旧爱才是最美，以至于人们无法探知他们在多角关系中是如何平衡与妥协的。这种力图摆脱传统道德追求自由新生活的生活方式，在存在主义盛行年代被不少青年人所崇尚。

《第二性》(1949 年) 震撼了欧美乃至世界，被誉为“有史以来讨论妇女的最健全、最理智、最充满智慧的一本书 ”，成为女性主义的经典，甚至被尊为西方妇女的“圣经 ”。

波伏瓦认为，除了天生的生理性别，女性的所有“女性”特征都是社会造成的。男性亦然。这是全书最重要的观点。书中提出，当生活需要体力时，女人就会自认为是弱者，对自由感觉恐惧，男人便用法律形式把女人的弱者低等地位固定下来，而女人还甘心服从。她指出妇女真正的解放必须获得自由选择生育的权力，并向中性化过度。这本书后被译成各种文字，为波伏瓦赢来了国际声誉。

《女客人》(1943 年) 是波伏瓦的第一部小说，也是继萨特的《厌恶》和加缪的《局外人》之后又一部存在主义力作。

《名士风流》 (1954 年) 小说获法国龚古尔文学奖。它“深刻展现了二次大战后法国知识界彷徨歧路、求索奋进的众生相：有历经磨难而坚守生活信念的作家，有鄙视功名而始终不甘寂寞的精神分析专家，… 描写了他们的追求与幻灭、希望与失望、沉沦与奋起，成为观照那一时代知识分子心态与命运的一面镜子。”

(一) 存在主义哲学

萨特是在备考巴黎高等师范学校——这所专门造就各种高级研究人才的百年老校的学习期间对哲学发生了兴趣。柏格森曾在此求学、任教。当时老师让学生以《绵延的意识》为题写一篇论文。为完成论文，萨特狩猎了大量的哲学论著，特别是柏格森、叔本华、尼采等人的论著。论文受到指导教师的好评和赞赏，同时也使萨特开始意识到哲学的价值，他说：正是读了柏格森有关著作后，“我对自己说，‘哲学真了不起。’真理是从天上降落人间的，而这种技巧——哲学，就是要使更多的真理 从天上降落人间”。[1]

萨特希望建立一种既不是唯物主义也不是唯心主义的哲学，要用现象学的一元论来取代“使哲学感到麻烦的二元论”[2]，而把人的存在作为最基本的本体。他提出的“存在先于本质”这一存在主义的重要命题明确地表达了存在主义哲学关于人的看法。

萨特的存在主义哲学思想主要贯穿在它的三个基本原则上：“存在先于本质”、“自由选择”以及“世界是荒谬的，人生是痛苦的”。

1. “存在先于本质”

存在与本质谁先谁后的问题是长久以来哲学家们争论不休的话题。历史上关于人的本性如性善、性恶、性无等问题的探讨似乎也一直没有停歇过。总的说来，以往哲学家总是在不同程度上强调“本质先于存在”，如上帝创世说，上帝根据自己关于人是什么样的想法捏了亚当，然后又从亚当身上取了一根肋骨成了夏娃。即上帝脑子中先有了关于人的范本，然后才按照这个范本去造就人。近代启蒙学者，特别是十八世纪法国唯物主义者抛弃了上帝的观念，但“本质先于存在”的思想却仍然被继承下来，只不过他们把“本质”的内涵由神学概念换成“普遍理性”罢了。在萨特看来，依照这种抽象人性论

---

① 参见 A·马德塞《爱情和思想》，1977 年英文版，第 40 页。

② 萨特：《存在与虚无》巴黎伽俐玛出版社 1981 年版第 11 页。

的观点，个人简直就是绝对本质牢笼里的囚犯，他只有一个前途：等待神圣力量的判决，或者说等待事先已经做出的判决的公开宣布。

萨特对此给予了坚决的驳斥。他提出："存在先于本质"。在《存在主义是一种人道主义》的讲演中他对这一命题作了这样的解释："'存在先于本质'意味着人首先存在着，遇到他自身，涌现在世界上，然后他才给自己定性。"这就是说，人的最初只是一种单纯的主观性存在。人的本质、人的其余的一切都是后来由这种主观性创造出来的。他还说："这句话的意思是说：首先人存在、露面、出场，然后表明其自身。如果说，在存在主义者看来人是不可能给予定义的话，这是因为人之初是空无所有的。只是在后来，人自己要成为某种东西，于是他就照自己的意愿造成他自身。所以说：世界并无人类本性，因为世界并无设定人类本性的上帝。"既然上帝是没有的，那么就必须接受上帝不存在而产生的一切后果：即并不存在一个关于人性的定义、范本、模型。懦夫之所以是懦夫，不是因为他本性的怯懦，而是由他自己的行为造成的。因此，人是什么（人的本质是什么）只能在人出现（存在）之后通过他的所作所为才能得到说明。

每个人开始出现在世界上的时候他空无所有，什么也不是，但是他与物不同：物的存在是一种自在的存在，而人的存在则是自为的存在。"自在的存在与自为的存在的区别可以用两个命题来加以诠释。对于自在的存在而言，它是'本质先于存在'；对于自为的存在而言，它是'存在先于本质'。"①

① 《现代西方哲学概论》韩秋红等编著，北京大学出版社，2010年，第103页。

对于“自在的存在”，萨特以裁纸刀为例：裁纸刀在被制造出来之前，它的本质就以观念的形式存在于制造者脑海中了，被给定了，而它自己全无选择。它消极被动没有自由，不能自己造就自己，所以它是本质先于存在。对于人这样的“自为的存在”，其本质是由他的主观自我来决定的。人的存在最初在本质上表现为“无”，他什么也不是。没有诸如上帝、神或什么理性先在地给定他某种本质，人的存在总是要面对各种可能性。他会成为什么样的人？具有何种本质？都不是确定好的，要取决于他自己的设计、谋划、选择和造就。并且这种造就是一个不断超越、不断推向未来的流动过程。因此不能用凝固不变的抽象人性去规范个人，而只能用个人的具体行为去说明他自己。“人不是别的，只是他自己所造就的东西。”这就是存在主义“存在先于本质”的第一原理。

这个第一原理关键是要论证人的自由。“假如存在确实先于本质，那么就无法用一个定型的、现成的人性来说明人的行动，换言之，决定论是没有的，人是自由的。”萨特十分自豪地宣称，存在主义是唯一给人以尊严的理论，是唯一不把人还原为“东西”或“物件”的理论，它强调人的自由选择，强调人的主动进取，从而在根本上倒转了把人看成受必然性支配的被动的存在的机械论观点。存在主义认为自己乃是以个体为本的“真正”的人学。

2. 人是绝对自由的

萨特认为，“存在先于本质”人的本质不是由谁给定的，而是由人的主观自我自行造就的，没有自由就无从创造，就没有本质，因此可以说自由先于我们的本质并决定了我们的本质。“人类的自由先于人的本质，并使人的本质成为可能。”[①]“人是被抛到自由中去的，或者正如海德格尔所说，是被弃置于自由中的。”[②]“人命定是自由的”这意味着“做一个人就是要做上帝”，[③]就是要做一个由自由主宰的人。除了人的自由选择，再没有什么能够决定人的存在了。

存在主义认为，既然上帝不存在，也即没有一个全知全能的上帝约束人，那么人就可以自由地选择任何事情。面对种种环境，采取什么行动，怎样采取行动，都可以自由地去选择，并且这种自由选择是绝对的，没有不进行选择的可能：你选择这个是选择，选择那个也是选择，你说我什么都不选择，拒绝选择，这依然是一种选择，因为你选择了“不选择”。

此外，也没有什么能够阻止人进行自由选择。

没有什么能够阻止人进行自由选择。如：一个人的位置、他的过去及外在环境的不利等都无法阻止人进行自由选择。那么死亡总该是对自由的绝对限制了吧？话也不能这样讲。因为死像出生一样，是人的存在之外的东西，当死来到时，自由就不存在了。但在死亡到来之前，人却有选择的可能。比如，一个被判死刑尚未执行的人，就可以选择死的方式：是大义凛然的死还是像狗熊一样的死等等。因此，人可以选择死的形式、死的意义等。

世界上有这样的一些人，他们不能依照自己的意愿做出“自由选择”，而只是以别人的意志为转移，听命于别人的意愿而行动。在萨特看来，这样的人就丢掉了自己的个性，失去

① 萨特：《存在与虚无》第58——59页。

② 同上，第541页。

③ 同上，653页。

了“自我”，他们不是真正的存在，或者说他没有真正的存在。真正存在的人只有这样的人，他自由地选择自己，他自己创造自己，他是他自己的创造。换句话说，人的未来是由自己所造就，人的本质是由自己所选择，人的前途和命运也是由自己所决定的。

获得自由对人类而言如同美梦成真，果真的如此吗？人拥有了绝对自由是否真的是一件让人欢欣鼓舞的事情呢？需要说明的是，在萨特那里，绝对自由决不意味着可以为所欲为。恰恰相反，正因为人是绝对自由的，他才要对其选择负责。萨特一面强调人选择的自主性，同时也强调人应当对自己的选择承担责任。这里关键在于，如果人是被决定的，他就可以给自己的选择找到托词，以客观原因之类的理由将责任推给上帝、社会或其他自己无法左右的力量。萨特说：“上帝不存在是一件很尴尬的事。因为随着上帝的消失，一切能在理性的天堂内找到价值的可能性都消失了……因此他不论在自己的内心里或者在自身以外，都找不到可以依赖的东西。他会随时发现他是找不到借口的。”萨特一方面排除了决定论，强调人不被什么决定，宣扬个体的能动性，把人说成是唯一的创造者；另一方面又给人加上了一个前所未有的精神“包袱”，它以良心自省的方式压迫着人、约束着人。人不得不自己选择、自己造就，也不得不无可辩解地背负起这选择和造就的全部责任。这样看来，绝对自由给人带来的并不是什么欢心愉悦，它甚至不是一种值得向往的东西。人对世界的责任归根到底源之于他的自由。责任的重负就是自由的重负。责任越是重大的，责任之前的自由及选择就越不会轻松甚至是会令人烦恼不已的。

如在萨特看来，一个人参加了战争，他就要对这场战争负责。无论是因为接受了“国家兴亡，匹夫有责”的宣传也好，出于亲友、社会的压力也好，考虑到自己的名誉、形象、恩怨也好，反正不管什么理由，只要一个人应征入伍，走上前线，这战争就是他选择的战争。所谓被迫为恶是没有的。道理很简单：在征兵的时候，他完全可以逃跑甚至自杀。

萨特还进一步将个人责任与社会责任联系在一起。他说：“命定是自由的人，把整个世界的重量担在自己肩上：作为存在的形式，他对世界也对自己负责。”① 当我们说一个人要对自己负责时，不仅仅是指他对自己的个体负责，也要对他人负责甚至要对一切人负责。因为个人的选择难免会牵扯到他人以至关联到社会中的所有人。如我决定娶一个妻子然后生儿育女。尽管这决定是出于我的经济状况、个人意愿和热情而做出的，但是我这样做不仅仅意味着我本人愿意受一夫一妻制的约束，同时也表明我希望大家都能像我一样接受这种伦理规范。这样，我的选择就不仅是对自己，也是对全人类负起了责任。我是在制造某种我所希望的人的形象。

伴随自由、选择而来的，不仅有责任，而且有烦恼和痛苦。这首先就是对自己所承担的责任的反应。萨特指出，当人在毫无先定的伦理规范和价值标准的情况下自我选择时，当人考虑到他自己的选择同时是为全人类作决定的时候，他怎能不感到烦恼和恐惧呢？如果说人是被判定为自由的话，那他必然也被判定为烦恼和痛苦。如，一个指挥员，当上级下令攻占某目标后，他必须做出自己的具体选择，因为上级的命令只是一句话，而他必须……他手上系着千百个部下的生命！

---

① 萨特：《存在与虚无》，第 612 页。

总之，在萨特那里，自由——选择——责任是密切联系在一起的东西，有如三位一体。

3. 世界是荒谬的，人生是痛苦的

在萨特看来，人以外的世界是一个毫无根据的、没有秩序的、不合理的、偶然的、荒诞的世界，同时它也是一个不透明的、昏暗的世界。它无可名状，没有自己的本质和意义，只是纯粹地、绝对地存在着。面对这样一个世界人们感到茫然不知所措。因为他们既不能凭借自己的感官经验认识它也无法凭借理性思维去理解它。这是一个冷酷无情的、敌视人的、不驯服的异己世界，在它面前，人感到的是苦闷、烦恼、孤独、恐惧，甚至绝望。这就是萨特在他的一些文学作品中所描绘的那个令人作呕，让人厌恶的世界。

存在主义认为，在这样一个世界上，我存在，别人也存在，他人与我一样都是自为的存在。面对着我的自由是他人的自由。各有各的思想，各有各的意志，每一个人都有他的“主观性”。“我的自由在他人的自由的存在中遇到了对自己自由的限制。”[①] 在这个主观性林立的社会中，人和人之间必然是争夺和冲突，充满着丑恶和罪行。“所谓的诚实、谦逊、道德、良心，都不过是愚弄别人的借口和互相倾轧的手段。每一个人、每一个集团，都是为了自身的利益，联合一方去对付另一方。而在错综复杂的社会关系中，攻击敌人常常伤害了友人，挽救了好人又往往使坏人受益。这个世界没有主宰、没有理性、没有规律可循。人在生活中，步步都有障碍、限制和不

---

① 萨特:《存在与虚无》，第608页。

幸，每个人都是荒谬而冷酷的处境中的一个痛苦而孤独的人。”[①] 正像在独幕剧《禁闭》中，萨特借主人公加尔森之口所说出的冷酷无情的一段话：“提起地狱，你们便会想到硫黄、火刑、烤架。…… 啊，真实莫大的误会！何必用烤架呢，他人就是地狱。”

因多行不义死后同居于象征为地狱的禁闭密室中的两女一男三个人，生前：加尔散是个逃兵，艾斯苔尔是个离不开男人的杀婴犯，伊乃丝是女同性恋者。他们每个人都需要其中另一个人，而每一个又都妨碍另外两个人彼此依靠，最后终于没有任何一个人达成自己的愿望。三人之间，互相猜忌、争风吃醋、嫉妒挑拨、各不相容。三个主人公都是死人，他们在别人眼里的形象已无法改变。“死人”在此是作为一种象征，它象征着那些太在意别人对自己的眼光，在别人的注视下不敢按自己的意愿行动和生活，因而成为别人议论的受害者的人。他们被禁锢在一系列陈规之中不能自拔，他们对自己抱有连他们本人也为之痛苦的看法，然而却不设法加以改变。在萨特看来，这类人虽生犹死，他人对这类人而言，他人就是地狱。对此萨特曾经作过说明：“他人是地狱……我的意思是说，要是一个人和他人的关系恶化了，弄糟了，那么，他人就是地狱……世界上确有相当多的一部分人生活在地狱里，因为他们太依赖于别人的判断了。正因为许多人因循守旧，拘于习俗，旁人对他们的评论使他们感到不能忍受，但他们又不想设法去改变这种情况。这种人是虽生犹死。他们不能把自己从忧虑、偏执和习

① 参见廖星桥：《外国现代派文学导论》，北京出版社，1988 年，第 335-336 页。

惯的束缚中彻底挣脱，他们往往因而成为别人议论的受害者……我通过这个荒诞的戏表明：我们争取自由是多么重要。不管我们生活的地狱是如何禁锢我们，我想我们有权力砸碎它。”①但如果有人不砸碎它，那他们就是自由地留在地狱里，自由地将自己置于禁闭在地狱里中了。由此我们可以窥见萨特提出他人问题的深层含义。

在萨特看来，他人是地狱，社会同样也是地狱。这表现为个人在社会中的沉沦或社会对个性的扼杀。社会让人们不能作为自己、作为一个真正的人“存在”而存在于其中。按照萨特的观点，个人在与社会的遭遇中扮演着一个自欺欺人的角色，他既在自己的观念里，又在别人的眼光中充当社会要求他成为的那种人。饭馆里的侍者在顾客面前小心翼翼，和颜悦色、动作伶俐，殷勤备至，无非是想让顾客得到这么一个印象：他确实是一个侍者。同样，售货员、裁缝、鞋匠、医生等等也都如是。他们明明是一个独立的主体，却有意变成人们眼中的客体。由此一来，个人便不再是他真正的自己了。他沉沦、异化在芸芸众生之中，成了社会模板的一个印章；他被剥夺了自由，也丧失了源于自由的责任感。这真是莫大的悲哀！想来，萨特看到社会为获得整体利益而忽略或不鼓励个人个性的一面，并认为这是种悲哀。的确，在生活压力普遍较大的情况下，人们常常有这样的感慨：人活在这个世界上，大多数情境下都要戴上一个符合别人眼光的面具，不管自己情不情愿，都要做符合社会角色的各种事。时间久了，甚至面具后面的自己都已麻木，已经意识不到自己真正的存在。

---

① 转引自《西方著名哲学家评传》续篇下卷，山东人民出版社，1986 年，第 663 页。

“人”和“自由”一直是萨特理论的出发点和主题。在萨特看来，人之所以比物高贵，就是因为人可以自由决定自己的存在，自由地选择自己的本质。尽管世界令人失望，人生充满荒谬，但我们并不因此绝望。他告诉人们，人类的希望在于，用自己的行动反抗荒诞的世界。因为人是自由 的，人是一切价值的创造者，没有上帝，没有任何超人的力量，更没有任何他人能改变你的命运。人是成为英雄还是成为懦夫，全靠你自己去选择。每个人都应该自 由地选择自己的道路，为自己的生活创造独特的价值。这样的观点说出了那个时代许多人的心理感受，也成为那些虽然深感苦闷、深受压抑，但又不甘沉沦的人们的精神支柱。

（二）存在主义文学

存在主义文学从思想内容上看，是在存在主义哲学的基础上产生 的，但从出现的时间上看，它又是同存在主义哲学同时产生的。

存在主义的奠基人克尔凯郭尔的哲学观点，就主要是通过他的小说和戏剧作品（还有日记）形式表现出来的。所以，关于存在主义的产生，最早可以追溯到19世纪前半期，而存在主义作为一个文学流派，是在第二次世界大战后出现的。战后的历史背景和时代特点，为它的形成提供了充分的客观条件。

随着存在主义哲学思想的传播，不仅在欧美各国涌现出不少存在主义作家，而且也对二战后的不少现代主义文学流派的形成有着深深的影响和重要的作用。如“荒诞派戏剧”、“新小说”、“垮掉的一代”、“黑色幽默”文学等。这些文学流派，有的是存在主义的变种，有的是深受存在主义哲学思想的影响。

总的说来，尤其是和后期的现代派比起来，存在主义更多地表现了“传统”与“创新”的结合，“古典”与“现代”的统一。具体说是在内容上的现代和创新，在形式上的传统和古典。当然，由于内容和形式的密切联系，所以，在表现手法方面还是有一定的创新。

存在主义文学的基本特征，主要表现在以下三个方面：

1. 鲜明的哲理性

存在主义哲学是存在主义文学的思想核心，存在主义文学是存在主义哲学的表现形式，存在主义文学的首要任务就是表达存在主义哲学观点。所以，体现这种哲学的哲理性就成为存在主义文学的突出特点。文学和哲学相结合，密不可分，可以说是存在主义文学的传统。存在主义哲学从诞生的第一天起，就和文学结下了不解之缘。克尔凯郭尔的哲学观点就带有神秘主义，他认为自己的理论只可意会不可言传。对于什么是存在主义，应避免对这种观念下定义。一想到在他死后，有些教授把他的思想分成篇、章、节加以陈述，弄成一个完整的哲学体系，他就感到恐惧和恼怒。他不愿意用抽象的逻辑思维的方法，以理论著作的形式，明确而系统地陈述存在主义哲学的基本概念，只喜欢用形象的思维方法，以小说、戏剧等文学形式，间接地表达他的哲学见解。因此，大家要了解他的存在主义思想就需通过阅读他的文学作品，从作品的字里行间中去揣摩那若隐若现、未经阐明的思想观点。所以，人们至今对他的哲学思想的了解仍有扑朔迷离之感。

萨特以他独具的才华，在战后欧洲适宜的时代条件下，将存在主义这种传统发扬光大，使其哲学因文学而广泛传播，同时又使其文学因哲学而自成流派，萨特本人也因存在主义哲学家和文学家双重荣誉而蜚声世界。因此，在萨特的作品中，无不突出地体现着存在主义的哲理性，可以说，他的每一个主人公都是一个存在主义者。

《恶心》，1938 年出版，萨特的成名作。它是一部日记体小说或者照作者自己所说的“哲学日记”，有人称之为一篇地道的存在主义哲学宣言，也是 20 世纪最重要的小说之一。

这部短小精干但思想上极有挑战意味的小说以日记的形式写成，表达了“世界是荒谬的，人生是痛苦的”这一存在主义主题。

全书描述了主人公洛根丁复杂的思想变化过程。从对生活的意义感到困惑，到发现个别事物令自己恶心，最终一切都令自己“作呕”，被“恶心”所包围。

洛根丁是一个孤独的学者，他对生活中微乎其微的偶然性的发现引发了一场生存危机，于是他决定以小说写作来逃避这场危机，去撰写一个 18 世纪默默无闻但令人难以捉摸的贵族的传记。为此，他来到了凄凉的小城——布城，但三年布城的种种经历和感受依然无法让他摆脱令人恶心的存在，最终他放弃写作离开小城。

作者详尽记述了他在定居布城期间琐碎的生活经历和对客观世界的真实感受：咖啡店那淫荡的老板娘，图书馆里那盲目阅读的自学者，街道上那混杂的人群，人们懒散的脸上表现出无限烦恼和忧愁，疲劳的眼神里闪着痛苦的惨光。布城的上流人物，也是一群“混蛋”，甚至感到他的情人安妮也是一个陌生的“他人”。连时间也是一样，对我来说，既没有星期一，也没有星期日，只是一大堆日子乱七八糟拥挤着前进。总之，客观世界的一切都使他感到“恶心”，他处身于“厌恶”世界的包围之中。三年后，“作呕感”使他一无所获，放弃了写作的计划。最后离开布城时，他说：“在我身上剩下来的真实的东西，只是感到存在的存在。”

“洛根丁原来对自己的存在、对外部世界并没有什么清醒的认识。但突然有一天，他感到浑身不适，开始产生厌恶感，也就是从这时起，他意识到了自己的存在。”① 恶心、厌恶，是人们意识到自己存在状态的毫无理由性、荒诞性的感受和结果。

洛根丁因清醒而意识到世界及人生的荒诞，这荒诞引发了他恶心的感觉，而恶心的感觉让他意识到自己的存在。

对于“恶心”，萨特在小说中这样写道：不行！一点也不行！我有了它，有了这个该死的东西，“恶心”这一次，是一种新的情况，它是在咖啡馆里把我抓住的。……于是这时候“恶心”就抓住了我，我身不由己地落在长凳上，我简直不知道我在什么地方；我看见周围的颜色缓慢地环绕着我旋转，我想吐。就这样，从那时开始，“恶心”没有离开过我，它把我逮住了。……我窒息，存在从四面八方穿进我，从眼睛、鼻子、嘴……我明白了，我已经找到了存在的答案，我恶心的答案，我整个生命的答案。其实，我所理解的一切事物都可以归结为荒诞这个根本的东西。

人们在无忧无虑的时候，很少有人会问自己有关人生、人

---

① 《西方著名哲学家评传》续篇下卷，山东人民出版社 1986 年第 644 页。

性等重大的根本性问题，如：生命的意义是什么？存在的价值是什么？等等。但是当人陷入逆境、遭受困难，处于孤寂、烦恼以至绝望之时，他不再浑浑噩噩，糟糕的境遇激发和唤醒了他身上原有的本真状态，使他成为具有自觉意识的人，开始反省自己的存在和人生，即开始意识到他的存在。

萨特认为，恶心（作呕）产生于人的存在与世界的存在的无定性中或荒诞中，也即无定性的人存在无定性的世界中。这就像一个心神不定的人走在动荡、摇晃的小船上一样，其结果必然导致作呕。他认为，周围世界是瞬息万变的，面对着它，每个人都想把它当作工具或材料或玩具来为自己的存在服务。但世界本身有时又是那么难于驾驭。人为自己不能驾驭和控制世界而苦恼，觉得这个世界可恶、讨厌，恨不得毁灭掉它乃至毁灭自己。然而，这些又不是自己能掌控的。万般无奈后，感觉到的只是厌恶、恶心。萨特这样说“一旦你认识到这一点，社会就会使你反胃，晕头转向，这就是恶心”。

《恶心》是萨特存在主义哲学的最好的图解。“世界是荒谬的，人生是痛苦的。”正是小说所要表达的主题。

《墙》，是萨特早期存在主义的短篇哲学小说集，表现了“世界是荒谬”的存在主义的哲学思想。

它以第二次世界大战前夕西班牙民族革命战争为背景，以革命者伊比塔为主人公，描写了这样一个故事：伊比塔和他的两名难友，被法西斯长枪党逮捕入狱，经过草率审讯被判处死刑。在等待枪决的一整夜里，他们面对死亡备受精神折磨。天亮后，两名难友被枪毙。敌人又两次逼伊比塔供出领导人住址。伊比塔清楚地知道：格里（领导人）藏在离城四公里的他表哥家里。他决心牺牲自己，决不出卖同志。只是想在临终前把敌人捉弄一番，于是作了假供，说格里藏在公墓。敌人果然一跃而起，冲向墓地。想到他们撬开墓碑，打开墓门，到处碰壁的狼狈丑态，伊比塔暗自好笑。哪知事情凑巧，格里因和他表哥发生口角而离开他家，暂时躲在墓地，正好被敌人找到后打死了。伊比塔听到这个消息，立即“昏厥了过去”。苏醒之后，他又“大笑不止，连眼泪都笑出来了。”主人公在笑这个世界的荒谬，笑人生的荒谬，笑人的生死的“偶然”。这里面，既有对荒谬世界的嘲笑，又有个人对这个世界无可奈何的自嘲。本来出于戏弄敌人的目的，给敌人开个玩笑，却反而被荒谬的世界给自己开了个更大的玩笑，给自己以更残酷的戏弄。

人是越过“墙”而死，还是被挡在“墙”内生还，纯系偶然。格里本可以留在“墙”内活下去，却因“偶然”而越墙死去；伊比塔本已定死无疑，却因为这同一“偶然”而生还。这正是存在主义的观点，世界和人的存在都毫无理由，没有规律，是荒谬的。

《局外人》（1942　法国　阿贝尔·加缪　1913—1960）

加缪通过主人公的遭遇，揭示了人在生存中所面对的荒谬及“荒谬”的深刻含意，萨特称之为“荒诞的证明”。

小说开头一句即是：“今天，妈妈死了。”接下来一转：“也许是昨天……”不经意间，暴露默尔索的漫不经心和恍惚。让人愤然的是他从头到尾没有哭，还在母亲遗体前抽烟。第二天，他就游玩的不亦乐乎，带女友回家过夜。还帮一个声名狼藉的邻居惩罚他的情妇，因为“没有理由不让他满意”。女友要和他结婚，他觉得“怎么样都行”，女友一定要他回答是否爱她，他竟然说“大概是不爱她”。最后迷迷糊糊杀了人，对于法庭上的辩论也不关心，好像与他无关似的。默尔索被判死刑，并非由于他杀了人，而是因他在母亲下葬时“竟然不哭”。检察官起诉道：“我指控这个人怀着一颗杀人犯的心埋葬了一位母亲。”在临刑前夜，他拒绝神甫，却想起妈妈。小说最后一句：“为了使我感到不那么孤独，我还希望处决我的那一天有许多人来观看，希望他们对我报以仇恨的喊叫声。”

主人公默尔索对一切漠然冷淡，他拒绝传统价值观念，拒绝被同化、被纳入环境规定的秩序中去，因而他不为世人理解，与外界格格不入，最后的结局是被判处了死刑。总之，他是因为对社会表示冷漠而被视为社会的敌人。但加缪却说：“他远非麻木不仁，他怀着一种执着而深沉的激情，对于绝对和真实的激情。”[①] 接着加缪还指出：“荒诞不在人，也不在世界，而在于两者的共存。”[②] 是两者共存出了问题，出现了对立。荒诞就在于：这世界竟容不得一个实实在在按自己的方式和理解来生活的人！

《艾罗斯特拉特》是萨特一篇典型的哲理小说。这是一个谴责恶人做了恶的选择而自食其果的故事。

“艾罗斯特拉特”本是古希腊的一个恶徒，为了扬名于世，竟冒天下之大不韪，放火烧毁了世界七大奇观之一的该城中的狄安娜神殿。暴行激怒了的市民之后颁布法令：严禁任何人提起这个恶徒的名字，违者处死，使他无名可扬。后来，艾罗斯特拉特一词，在西欧成了“因恶行而出名”的同一语。萨特这篇小说的主人公，就是一个艾罗斯特拉特式的恶人。他

① 转引自柳鸣九编选《萨特研究》中国社会科学出版社 1981 年，第 484 页。
② 同上。

认为两千多年前的艾罗斯特拉特虽然已经死了，但他的行为仍像“黑色钻石一样”放射着光芒。他仇恨人类，不愿与他们为伍，要处于世人之上。一天，他买了一支枪，从此他出门便带上它。他觉得身佩武器，自己威风凛凛，身强力壮。他还站在七层楼顶自己寓所的阳台上，以嘲讽的眼光，俯视人们。他说：“我俯下身子，笑了起来，他们那么引以为自豪的所谓‘直立身体’不知到哪去了，他们在人行道上被压得扁扁的，半爬行着的两条腿，从他们的肩膀下面伸了出来。”但当他一走下楼到了街上，就感到窒息，因为他和人们站到了同一平面上，就很难把他们视同为蚂蚁了。他想，他们以为我是他们的同类，而我知道我是他们的仇敌。面对为敌的人类，他做了恶的自由选择，制定了一个疯狂的杀人计划：他给法国 102 个作家写了一封信，指责他们“同情人们”，“爱人们”，“血液里有人道主义”，宣称自己是“一个不爱人类的人”，声明要用仅有的六颗子弹，在大街上枪杀五个行人，最后一颗子弹用来自杀。他果然这样做了，在人们一片“抓凶手”的喊声中，他逃进咖啡馆的厕所里关上门。当他把枪口放进嘴里准备自杀的时候，无限的恐惧征服了他，最终被捉拿归案。

作者通过这个人物，对反人道主义的恶行作了断然的否定，表达了人要对选择后果负责的存在主义的思想。

加缪的长篇小说《鼠疫》，也反映了“自由选择”这一主题。

《鼠疫》是他的代表作之一，无论从思想上还是艺术上都堪称是加缪的最佳作品。

《鼠疫》写的是这样一个故事。在奥兰城中，随着大量老鼠出现和死亡，鼠疫迅速蔓延开来，一场巨大的灾难突然降临到市民头上。当局立即宣布：封闭城市，断绝交通。于是，正常的生活秩序被打乱，黑市买卖日益猖獗，许多人陷入同亲人的隔绝境地，毫无思想准备的人们一片惊慌失措，陷入惊恐之中。在这场灾难面前，人人都要经受考验，不同的人表现出不同的态度，做出不同的选择。

医生里约奋不顾身，夜以继日地带领大家与鼠疫进行斗争。他不顾病情严重还身在外地的妻子，一心忙于工作：组织救护，登门诊断，实施治疗，疫情最严重的时期每天工作长达二十个小时。经过长时间的艰苦斗争，最后终于迎来了胜利。

新闻记者朗贝尔，认为自己不是本城的人只是来此采访突遭此瘟疫，心很不甘，几次试图偷渡关卡逃回到情人身边。但当他目睹里约医生在如此忘我地工作时，他意识到：只想到自己一个人的幸福是可耻的，遂安心留下加入与鼠疫斗争的行列。

神父帕纳卢开始认为，鼠疫是上帝对人类的惩罚，让大家祈祷，求主保佑。但当他目睹纯洁无辜的孩子一个个遭受折磨，他的灵魂受到很大的震动，“天主何在？”他动摇了，他怀揣着“信奉上帝”的信仰，口中念着“应该爱我们不理解的东西”，投入了救灾行列且再没离开过疫区和医院直到生命的最后。

奸商科塔尔忙于黑市交易，大发灾难财，他希望鼠疫继续下去。大家忧郁时他感到宽慰，当鼠疫减退时，他反而感到沮丧。

十个月后，人们战胜了鼠疫：城门打开了，轮船驶来了，火车开动了，亲人们紧紧地相拥在一起。而奸商科塔尔此时却躲在房间里向欢呼的人群疯狂地开枪，后被抓获。

这是一部寓言体小说。在小说中，作者以鼠疫来象征法西斯侵略战争，以鼠疫流行中的奥兰城居民来象征德国法西斯蹂躏下的法国人民，以居民战胜鼠疫的斗争象征法国和世界人民的反法西斯斗争。所以说，这是作者对于反法西斯战争的象征性的回顾和总结。尽管作者走的是存在主义老路，展示了在特定境遇中人与人之间的关系及个人的自由选择，但是，我们不难看到，作者毕竟是突破了存在主义思想的藩篱，表现了人们共同的灾难中互相了解和合作，表现了人们终于选择了积极进取的正确道路。

2. 独特的真实性

存在主义认为，传统哲学家从“本质先于存在”的观点出发，把能够体现本质的某种类型的人当作理想，并把这种理想当奋斗目标，为它而奋斗就是高尚行为，实现它就是做人的责任。受这种传统习惯和本质论哲学的影响，人们总是不免会用早已形成的某种理性的条条框框去看待人、衡量人，把活生生具有个性的人分为纯洁型、丑恶型、激进型、消沉型、进步型、落后型等等，只看到共性，看不到个性，先入为主地按照固有的观念，把生动活泼的个人强行归入传统类型的框子之中，这样做必然会导致一个结果，这就是抹杀了人的真实性。存在主义哲学则恰恰相反，他们从“存在先于本质”的观点出发，否认任何理想，认为人只是在生活中，通过自由选择，不断进行自我创造，才能体现人的本质。因此，存在主义者要做的就是将以往的那种“失实”状况扭转过来，努力排除先入为主的理性观念，忠实地再现个人的内心生活，恢复真实的精神面貌。由此看来，本质论哲学家各有各的“理想人物”，而存在主义哲学家心目中就只有自己的“真实人物”。

存在主义文学作品，要求具有它自己的“高度真实性”。故事情节，就是生活中发生的真实事情，原原本本、朴实无华，不必去刻意雕琢，做独出心裁的艺术加工，更不刻意追求它的曲折离奇。人物形象，也是生活中的真实人物，是具体环境中独立存在的“真正的人”，不允许集美或丑于一身，比现实中的人更美或更丑，以至于成为某种类型或理想的代表。存在主义作家认为，如果那样做必然要歪曲人物，破坏事实真相，失去“真实感”。因此，他们反对直接使用“渲染”、“夸张”、“集中”、概括等典型化艺术手法。评价作品的最高标准，也只看是否“真实”，而不是我们所讲的“思想和艺术的高度统一”。可见，这种“真实性”既不同于欧美古典文学中的“真实性”（注重细节的真实）也不同于马列文艺理论中的“真实性”，要求的在高度概括基础上，去追求“整体本质的真实”，而是更接近于“自然主义”的那种真实。为了使人物富有“真实感”，他们主要采用了以下手法：①

第一，把作家当作一部摄像机或录音机，把现实生活的东西如实地拍摄下来、录下来；把文学作品当成银幕或放音机，读者就是观众或听众，读者从文学作品看到的是生活中发生的真实事情，原原本本、朴实无华。

第二，尽量加强戏剧冲突。存在主义作家认为，英雄之所以成为英雄，懦夫之所以成为懦夫，是他们自己自由选择的结果，但这种自由选择并不是不负责任地随心所欲。人在选择行动时首先要对自己是怎样的人负责，同时他就肯定了这一行动

① 参见廖星桥《外国现代派文学导论》北京出版社，1988 年，第 357—359 页。

的价值，也要对整个人类承担其责任。每个人的“自由选择”必须经过一番激烈的斗争，甚至是“痛苦的”，并与他人的“选择”和“存在”发生强烈冲突。这样的“选择”才是人的真实的内心世界的反映，即人的本质的反映。因此，萨特创造了一种“境遇剧”，总是把人放在生与死、荣与辱、成与败、毁与誉等重大的考验面前，让人在这样的特定境遇中做出“选择”。这就如同我们常说的“危难时刻见真情”。利益严重冲突乃至命悬一线、生死攸关的当口，人无须再掩饰什么，真面目便显露无遗。

如《死无葬身之地》。在这一剧本中，每一个游击队员都是存在主义文学的“真实人物”。剧本描写了二次大战中被捕的法国抵抗运动的游击队员们，遭受刑讯，坚贞不屈，最后被敌人杀害的动人故事。见多识广、意志坚强的卡诺里斯，受严刑拷打，毫无惧色，宁肯流血，决不叫一声。从情绪消沉到积极斗争的昂利，在酷刑面前，咬紧牙关，只字不露。经过两次审讯的索尔比埃，经不起酷刑折磨，大声嚎叫，但仍拒不招供。他熬不过酷刑，骗过敌人跳上窗口，向战友高呼，“我没有招供”之后，跳楼自杀。有过幸福爱情，真挚友谊的女游击队员吕丝，遭到敌人野蛮奸污，但她想的“只是胜利”，鼓励惶恐不安的小弟弟说：“一定要使他们丢脸……要是你招供了，他们就真正强奸了我。”当她弟弟经不起严酷的考验，威胁到大家的利益时，为了保护战友，她决定“必须让他沉默”，让别人掐死了自己的弟弟。队长若望，看到同志们为他受刑、惨死，精神极为痛苦，为了更多的同志的生命，为了斗争的需要，不得不隐瞒身份，最后脱出虎口，预示了胜利的希望。这些形象，作者没有涂脂抹粉，人人个性鲜明，互不雷同，有血有肉，真实感人。他们既是反法西斯的英雄，也是存在主义的人物。

作者认为，在一定的境遇中，每一个人都在进行选择。他们为选择自由而参加抵抗运动，为选择不做叛徒而宁死不屈。这是他们的信念，也成了他们行为的准则。

在每一个剧本里，作者都是把剧中人物推到孤立无援的绝境中去，要得到解脱，找到出路，甚至只是要再前进一步，或者再生存一天，就得进行“自我选择”。在这种紧要关头的“选择”往往能再现人物的本质，使人物具有明显的真实感。

第三，把握好故事的结局。无论是小说，还是戏剧，其结局总是最能引人注意的，因为这里往往就是作者想要阐述的问题的核心之所在。存在主义作家不愿故意去把人物拔高或贬低。在《自由之路》中，主人公为保卫自己的家园而同德国侵略者拼到生命最后，成为英雄。可他临死前的 15 分钟，举枪向敌人射击时所高呼的那些话却很特别。那不是一些骂敌人，向敌人报仇的话，而是“每一发子弹都是对他从前出于顾虑没有做成的一件事的报复”所发出的诅咒，“这一枪射向洛拉，因为我不敢偷她的钱，那一枪射向玛赛儿，因为我本应当甩掉她，另一枪给奥黛特，因为不愿意去吻她。……”按我们正常的“理性”看法，英雄应当更高大一些，他的子弹既然是在射向敌人，就该完全是诅咒那些敌人的。但存在主义认为他们的处理反而更具“真实感”。《毕恭毕敬的妓女》中的妓女最后不是开枪打死侮辱和欺骗了她的弗雷德（参议员的儿子，白人）而是一言不发，最后服从地倒在他的怀里。这是一个受到许多人指责的结局，但仔细想来，一个妓女，一个要在当时环境里想要继续生存下去的妓女，她所做出的

“选择”也只能是这样。

3. 将人物置于特定的境遇

传统戏剧中的“环境”通常不具有独立的意义，是依附人、为人存在的环境。而存在主义戏剧十分不同，它让环境上升到与人对峙的地位，逼迫人、挤压人，让人面对它不能不有所为，做出选择，从而造就自己的本质。这样的环境就是萨特在他的戏剧中所强调的“境遇”，它促使人去自由选择而不是屈服于天命。萨特要让“境遇”来支配人物。

萨特认为存在先于本质，人在荒诞中存在，然后通过自由选择创造自己的本质。要使选择成为真正的自由选择，人就必须介入到某种处境中去，把选择的自由变为选择的行动。在萨特戏剧中，剧中人物就是在这事先设定的“境遇”或“环境”中遇到生存危机，他或苦闷、消沉，或进取、抗争，他按照自己的意志进行选择，最后以自己的方式解决危机。从而造就自己的本质，表现自己的性格和命运。因为这一特点，萨特的戏剧也称为“境遇剧”。

萨特在构思境遇剧时，总是把剧中人物置于危机四伏，生死攸关的“极限境遇”之中，并运用一切艺术手段，着力渲染人物对于生死环境的恐惧感。他们面对这种境遇，必然进行“生存选择”。萨特的戏剧《死无葬身之地》的生存环境是法西斯的牢房；加缪的《鼠疫》是鼠疫流行的奥兰城等。这些“生存环境”，都是一些特定的“境遇”，一些令人“恶心”的境遇。人被抛掷到这样的环境中，就不可能泰然处之，他们总得被“不幸意识”所缠绕，并时刻感受到外界对自己的威胁。何去何从就必须做出“选择”。要想生存，就得挣扎，要自由，就得反抗，听其自然就会被荒谬的世界所吞噬。这就是萨特创作“境遇剧”的基本观点。萨特还说过：“境遇是一种召唤，它包围着我们，向我们提供某些解决的办法，然而必须由我们自己做出选择。”因此，他们戏剧中人物与传统戏剧中的人物大不相同，是一些具有特殊性格和特殊命运的人物，即存在主义者。①

三、存在主义与现代主义艺术

由于哲学文学的联姻，二者相辅相成，使得萨特的存在主义思想对西方社会有着十分重大的影响。文艺界也是如此，它从根本上影响了后来的荒诞派戏剧、新小说派、黑色幽默文学、垮掉的一代等现代派文艺。

（一）荒诞派戏剧

荒诞派戏剧是20世纪50年代初在西方兴起的一种现代派戏剧，它以离奇怪诞的舞台艺术形式轰动了欧美剧坛，成为当时风靡欧美剧坛的一种重要戏剧流派。它影响深远，其根源可追溯到19世纪中叶出现的象征主义。

一般认为，西方现代主义艺术始于19世纪的象征主义，其标志是1857年法国象征主义诗人波德莱尔的诗集《恶之花》的问世。在《恶之花》中，诗人从开篇的“由于上帝的意旨，诞生到这烦恼的世界”，历经了徒劳的生活旅程，最终乘上死神之船，带着一颗向往光明的心去寻求“新奇”的世

① 参见廖星桥《外国现代派文学导论》，北京出版社，1988年，第355页。

界，其中表现了不少消极、悲观、颓废、变态的东西，具有荒诞的倾向和意义。为此被后来人看成是荒诞派之先驱不无一定道理。另一位后期象征主义代表作家美国诗人艾略特，在他的杰作《荒原》中也揭示了一个荒诞的世界。在诗人看来，在一个丧失了宗教信仰的现代世界中，人们不再能看到田园牧歌式的风光、传奇式的英雄美人，有的只是灰暗的城市、凄凉的钟声、淫乱的狂笑及精神空虚、理想幻灭的人，它无异于一片荒原。这些作品对荒诞派戏剧都不无影响。在之后的表现主义中，奥地利的卡夫卡表现出的荒诞主题要算最突出的了。在他著名的小说《变形记》中，主人公居然变成了甲壳虫，而当人变成虫后，却仍然保持着人的思维能力和方式，周围的事物仍然是现实中的人物。作者以这种寓言式的表现手法揭示出人的荒诞遭遇，说明人的可悲处境和现实世界的不合理性使人异化为虫的荒诞主题。这种手法为荒诞派戏剧开了先河。荒诞派戏剧的创始人尤奈斯库的《犀牛》几乎就是模仿同样的方式创作的。

当然，在理论、思想上对荒诞派戏剧影响最大的还是存在主义。

存在主义大师加缪，被荒诞派作家尊为先师。他的论述直接给荒诞派戏剧提供了理论依据。他在他的荒诞文学纲领性著作《西西弗斯的神话》中说："一个能够用理性解释的世界，不管有着什么毛病，仍然是人们熟悉的世界。但是在一个突然被剥夺了幻想和光明的宇宙里，人感到自己是一个陌生人。他的境遇如同终身被流放，因为他没有了对故乡的记忆和对乐土的希望。这种人和生活的分离，演员与舞台背景的分离，真实地构成了荒诞的感觉。"因此"荒诞本质上是一种分裂，它不在于对立的两种因素的任何一方。它产生于它们之间的对立。”

荒诞派戏剧的作家们接受并发展了存在主义的理论，认为世界是丑恶和荒诞的、不合理的，人来到世界上完全是偶然的，只是个往来匆匆的过客，既无目的也不能有所作为，人被丑恶的世界所包围，被荒诞的现实所惊吓，被不合理的社会所挤压，人已不再是具有活跃个性的正常人，而变成了“非人”。

存在主义作家认为，世界是荒诞的，但人可以通过“存在”去“寻找自我”，人应当履行自己的人道主义责任。他们的作品，虽然有些在内容上是荒诞的，但其形式并不荒诞。他们大都采用传统的戏剧形式，戏剧结构严谨，语言明晰，注意描写人物性格并具有生动的故事。而荒诞派戏剧则抛弃了结构的逻辑性、人物行为的理性及语言的准确性和诗意，也无所谓悲剧和喜剧之分。（表面上的滑稽感掩盖着深层的悲剧感，黑色幽默即是如此）他们打破一切传统喜剧的手法，在舞台上任意驰骋，自称为“反戏剧”戏剧（尤金·尤奈斯库）。在他们剧作中，“不去议论人类状况的荒诞性，而是去如实地表现——也就是说，把存在的荒诞性凝固成舞台形象。”他们认为，只有把丑恶、肮脏的现实在舞台上形象地表现出来，人们才会“正视现实”。一句话，他们追求荒诞的主题和荒诞的戏剧形式的统一。

1961 年，英国戏剧理论家马丁·埃斯林出版了一本论述尤金·尤奈斯库等人戏剧创作的著作《荒诞派戏剧》，此后，人们就把以尤金·尤奈斯库等人代表的戏剧称为荒诞派戏剧。在《荒诞派戏剧》一书中，马丁·埃斯林说，萨特和加缪本人大部分戏剧作品的主题，也同样表明他们意识到生活的毫无意义，理想、意志的不可避免的贬值。但这些作家与荒诞派作家之间有一点重要区别：存在主义依靠高度清晰、逻辑严谨的说理来表达他们所意识到的人类处境的荒诞无稽，而荒诞派戏剧则公然放弃理性手段和推理思维来表现他们所意识到的人类处境的毫无意义。因此，荒诞派戏剧在表达存在主义哲学方面，比存在主义戏剧表达得更充分。究其原因，应该说与荒诞派戏剧成功地运用荒诞的形式表达荒诞的内容有关，与荒诞派戏剧的内容与形式的和谐统一有关。（参见廖星桥《外国现代派文学导论》一书第434页）

如果说，萨特或加缪以传统形式表现新的内容，即以理性的形式表现非理性的内容；荒诞派戏剧则前进了一步：用新的形式表现新的内容，即以非理性的形式表现非理性的内容，客观上达到了内容与形式的统一。正是这种使主题与表现形式统一的不懈努力，使荒诞派戏剧明显地不同于存在主义戏剧。

荒诞派戏剧的代表作家和作品：

尤金·尤奈斯库（Eugene Ionesco 1912—1994）：尤金·尤奈斯库是荒诞派的奠基人，1912年在罗马尼亚出生。其父亲是罗马尼亚人，母亲是法国人，1913年随父母迁居法国巴黎，童年在法国度过。1916年父亲回国，尤奈斯库随母亲留在了法国，从小便深受法国文化的影响。1925年父母离婚，尤奈斯库回罗马尼亚生活。1938年，他离开家乡，移居法国巴黎，任职于出版界。1949年，他开始戏剧创作。

代表作：《秃头歌女》、《椅子》、《犀牛》等。

塞缪尔·贝克特（Samuel Beckett，1906—1989），20世纪爱尔兰、法国作家，是荒诞派戏剧的重要代表人物。1969年，他因“以一种新的小说与戏剧的形式，以崇高的艺术表现人类的苦恼”而获得诺贝尔文学奖，获奖原因是“他那具有新奇形式的小说和戏剧作品使现代人从精神贫困中得到振奋。”[①]

代表作：《等待戈多》、《结局》、《啊，美好的日子》等。

阿瑟·阿达莫夫（Arthur Adamov 1908—1970）法国剧作家。生于俄国，荒诞派戏剧奠基人之一。

代表作：《侵犯》、《一切人反对一切人》、《弹子球机器》等；

哈罗德·品特（Harold Pinter，1930 年—），英国剧作家、导演。

品特的早期作品经常被人们归入荒诞派戏剧。他也是 2005 年诺贝尔文学奖的获得者。

代表作：《一间屋》、《生日晚会》、《看管人》等。

热内（Jean Genet 1910—1986）法国作家。

代表作：《女仆》、《阳台》、《黑人》等。

阿尔比（Albee，Edward 1928—）美国剧作家。

代表作：《动物园的故事》、《美国梦》等。

荒诞派戏剧最终得到了西方正统文艺的承认，并被认为是战后西方社会思想意识通过舞台艺术的最有代表性的反映。它的代表作家贝克特于 1969 年获得诺贝尔文学奖，尤奈斯库与 1970 年被选入法兰西学士院，成为院士。

《秃头歌女》尤金·尤奈斯库。

荒诞派戏剧最初出现于法国首都巴黎。1950 年 5 月 11 日，巴黎梦游人剧院上演了尤金·尤奈斯库的独幕话剧《秃头歌

① 《中外文学名著描写辞典》下册“历届诺贝尔文学奖获得者简介”。

女》。

《秃头歌女》这出新奇的戏，使剧场里仅有的三名观众为之愕然。剧中没有完整的故事情节，没有戏剧冲突及合乎逻辑的故事线索，甚至没有明确的人物形象。就是这样的一出戏，却很快轰动了巴黎剧坛，引起了热烈的讨论，有人认为它是“对一切传统戏剧的严重挑战”，有人则认为它是“天才的作品”。剧情大致如下：

一个英国式的夜晚，在一个英国式的中产阶级家庭的起居室。墙上的钟敲了 17 下。“啊，9 点了。”史密斯先生看着报纸，史密斯夫人家长里短地和他闲扯着，沉闷、乏味、无聊，漫无边际：土豆肥肉片真好吃，英国色拉油不错，鱼挺新鲜，……博比·沃森先生死了 4 年了，但尸体上还有热气。……两人的对话断断续续，毫无逻辑，不可理喻，墙上的挂钟胡乱地敲着，发出极大声响。这时，女仆玛丽进来报告说，客人马丁夫妇到了。马丁夫妇是应邀来赴晚宴的。但两人进来后，面面相觑，腼腆相对，好似互不相识。马丁先生对马丁夫人说：夫人，我好像在什么地方见过您。马丁夫人说：我也好像在什么地方见过您。马丁先生说：我是曼彻斯特人，我离开曼彻斯特差不多五个星期了。马丁夫人说：我也是曼彻斯特人，我离开曼彻斯特差不多也五个星期了。……马丁先生说：我卧室里有张床，床上盖着一条绿色的鸭绒被。马丁夫人说：我卧室里有张床，床上盖着一条绿色的鸭绒被。马丁先生：这太奇怪了，我们住在同一间房里，睡在同一张床上。我有个小女儿同我住在一起，她两岁，金黄头发。一只白眼珠，一只红眼珠，她很漂亮，叫爱丽丝。马丁夫人：我也有个小女儿同我住在一起，她两岁，金黄头发。一只白眼珠，一只红眼珠，她很漂亮，也叫爱丽丝。马丁先生：您就是我妻子……伊丽莎白。马丁夫人：道纳尔，是你呀，宝贝儿！

好不容易，两人终于证实了，是一对夫妻。于是两人紧紧拥抱在一起。这时，女佣人玛丽出来告诉观众：马丁先生的小女儿和马丁夫人的小女儿不是同一个人。马丁先生的小女儿和马丁夫人的小女儿都是一只白眼珠，一只红眼珠。可是马丁先生的小女儿白眼珠在右边，红眼珠在左边；马丁夫人的小女儿红眼珠在右边，白眼珠在左边。这样，马丁先生和马丁夫人的夫妻关系又不能确定了。

剧结尾时，恢复了开场时的情景，重复这开始时说的话，只是马丁夫妇和史密斯夫妇交换了一下位置。就是这样一部荒诞不经的作品，宣告了 20 世纪西方一个新的文艺流派的产生。据说它的产生也纯属出于一个荒诞的机会。尤金·尤奈斯库本来对戏剧没什么爱好，1948 年，他在自学英语，阅读那本按语言、语法和词汇的基本体例编成的《英语会话手册》时，书中那些语无伦次的机械练习使他忽然发现了许多“令人吃惊的普遍道理”，如“一周有七天”，“人们走路用脚，但是人们取暖用电或煤”；“乡村比城市安静”，“但在城市人口更稠密，商店更多”等等。他认为这些事实是荒诞的，荒诞的事实中又有某些生活的哲理。于是他决定用那些不连贯的语言材料写一个“叫朋友们开心”的剧本，剧名定为《简易英语》。

1949 年，他写好剧本交给剧团演出。当剧团在排练此剧时，有个演员把“金发女教师”的台词念成了“秃头歌女”，尤金·尤奈斯库当场拍案叫绝，又一次从怪诞中悟出了道理，马上把剧本改名为《秃头歌女》并让“秃头歌女”几个字在剧中最后出现一次“秃头歌女哪去了?”其实与剧本的内容毫不相干。但他就是想以这种题不对文的荒诞处理来表明生活的荒诞性和剧本的反传统性。从这里我们看到,《秃头歌女》从剧本内容到题目,从场景到演员的对白,无一不是“反传统”的、荒诞的。

如果说该戏所揭示的是什么?那就是世界是毫无意义的,世界存在本身就是荒诞的。剧中原本的夫妻却如同路人互不相识,暗喻了荒诞的世界中就连最亲近的人也都会变成陌生的他人。剧中的挂钟始终在胡乱地敲打,刚敲过一点半又敲29下,在9点的时候敲17下。这叫人无法理解,这个世界不可理喻,因此它给人们带来的是恐怖和威胁。再有,消防队长要“扑灭城里的全部火灾,到后来,他甚至去扑灭连壁炉小火也不是的、由一时的激情和胃部有点火辣辣而引起的火灾”去了。这里的“火”是什么呢?是在这个荒诞世界中尚存的一线光明。就这一点光明也不让存在,要全部扑灭。这似乎是在告诉观众,这个荒诞的世界应是一片黑暗,它不会有光明。这样的世界的存在难道还不是荒诞的吗?

其实,“连最亲近的人也都会变成陌生的他人”这种寓意的作品在传统文学中也同样有所表达,如易卜生的《玩偶之家》(《娜拉出走》)。人们理解起来没有障碍,它是人们熟悉的表达方式;而《秃头歌女》却以如此匪夷所思的荒诞情节把它展现在人们面前,令人惊异以至多少有些费解。

1952年,尤金·尤奈斯库的另一部剧作《椅子》在巴黎上演。

故事发生在一个死水环绕的房子里。时间是夜晚。

幕拉开后，老夫妇俩在闲谈，发着今不如昔的感慨，据说过去晚上甚至半夜都还有阳光，现在刚下午六点天就完全黑了，什么都看不见了。接着他们兴致勃勃地玩起名为“二月”的游戏，讲着莫名其妙的“最后咱们来到一个很大的篱笆边”故事。不知什么原因，老头突然张开大嘴哭了起来，喊着找妈妈：“我断送了我的前途？我砍断了我的前途？啊！你在哪儿，妈妈，妈妈，你在哪儿，妈妈？……唏，唏，唏，我是一个孤儿。（他呜咽着）……一个孤儿，苦儿。”那样子有如婴儿在哭。

老太太一边哄着他一边提醒他说，你不是已经得到了有关人生的秘密并要将这个秘密宣布给所有人吗？老头听了不再哭，说：他已经雇了一位职业演说家来替自己宣讲此秘密，并请了上到皇帝下到疯子各种人来听，会议马上就开始。

随后，船来的声音、划水的声音、门铃的声音接连响起。先是迎来了一位“夫人”，老太太搬来第一把椅子，老头做出迎接客人的动作。接下来是一位“上校”，寒暄后，老头又回忆起往昔战场混乱的情景。之后门铃不停地响起，看不见的客人越来越多（观众看到的是椅子越来越多）。老夫妇俩在“人群”中挤来挤去，搬椅子、让座位、打招呼、卖节目单，忙得不可开交。此时突然一声巨响，中间的正门忽然敞开，门开处一股非常强烈的光从门窗射进，原来是皇帝陛下光临。老夫妇俩又是欢呼又是表忠心，但此时两人已被满屋的椅子挤到了屋子的两个角落，想目睹“龙颜”都难。老头诉说着一生的委屈，认定皇帝陛下现在“关心到我这可怜的人”了。这时让人久等的演说家终于来了，他戴着一顶极大的、宽边的黑礼帽，松松地打着领结，长着上须和山羊胡，穿着—身画家的工作服，典型的一副十九世纪艺术家的装扮，动作举止却活像个机器人。老人在致辞感谢一切使会议“获得这样惊人的成功”的人们并委托演说家“替我把所有的话都讲出来”后，双双高喊着：皇帝万岁！从两边窗口同时跳入海中，我们只听得“啊”一声的从台后两个人体落在海水中的声音。随后演说家又是打手势，又是咳嗽、叹息，发出一阵姆姆、呼呼的哑巴一样的喉音，原来他是个哑巴。最后他在黑板上写下“神训”和“再见啊再见啊吧”，就像幽灵一样退场，幕落剧终。

在这出戏里，观众感受到的是什么呢？是人生的痛苦、空虚和没有希望，是人生的孤独、寂寞和无法交流。剧中作为老人代言人的演说家却是个哑巴，当他动笔时却只能写出一堆杂乱无章的文字，这样，老人发现的真理只能永远秘而不宣。剧中以此来表明，人生的探索和追求都是徒劳无益的，而代言人的聋与哑又表明，人与人之间的任何沟通都是不可能的。剧中的满舞台的椅子，启示了荒诞派作品中的一个主要主题，即物对人的压迫。物把人们之间隔离开来，甚至老人最亲近的人——妻子都被满屋的椅子，即物的力量分开。

作者借此来表明物质文明的发达没能拯救人类，反而挤掉了人的立足之地，这种物质文明是对人的精神上的重压。

在这里，作家实际上接触了异化的问题，但从 19 世纪资本主义机器发达起来以后，形成了人隶属于物的反常状况。物质财富的制造者反而成为物质财富的奴隶，人主宰不了物而是物控制了人，致使人也变成了物。在物的重压下，人畸形发展，失去了作为人的本质，成为“非人”，自己对自己，对他人都成为异己者，这就叫异化。而荒诞派作家所表现的主题之一就是异化。

《犀牛》1958 年上演，是尤奈斯库的荒诞派戏剧的代表作。

它从“群体变异”的角度将人的“异化”这一主题推进至深处。该剧连续演了一千多场，成为戏剧史上的一个奇迹。

剧情简介：

主人公贝兰吉是某出版社的校对员，一天正当他和朋友们在广场附近的咖啡座聊天时，街上出现了一头犀牛。有人议论纷纷，有人若无其事。随后出现的是，办公室的同事变成了犀牛，普通百姓，社会名流，红衣教主等都争先恐后投入变成犀牛的队伍，贝兰吉的朋友狄达尔也加入了犀牛群，他说“我的责任责成我追随我的上司和同事们”。最后，贝兰吉的女友苔丝，最初还与贝兰吉一起拒绝变异，并幻想着“将做亚当和夏娃”，可是最终受不了现实的压力，终于喊出“不能再坚持抵抗了”。全镇的人都变成了犀牛。只剩下贝兰吉孤零零的一个人，他虽然也悔恨自己没变成犀牛，但却仍然坚持住自己的立场，最后发出一声绝望的叫喊：“我将坚持到底！我绝不投降！”

《犀牛》在艺术上不同于一般的荒诞戏剧，它有完整故事情节，有矛盾冲突，也有高潮与结局，但题材是超现实的，内容是荒诞的。作者采用以假乱真的写真手法，通过艺术虚构，使剧中的故事显得真实可信，收到了极好的艺术效果。

《犀牛》比起卡夫卡在一战前发表的著名作品《变形记》来说有了很大不同。在《变形记》中，小职员是被迫变形的，个人不愿变形但由于环境挤压而被迫变形，象征人的渺小和卑微，人在强大的异己力量面前无能为力，无法抗拒灾难。说明当时的人还没有精神堕落、心甘情愿地随波逐流。而《犀牛》中形形色色的人物，普通市民、社会名流、红衣主教等都不是被迫变形，而是无奈变形、顺从变形，甚至向往变形、追求变形，最后无不以变形为美、为荣，几乎整个世界都要被犀牛所淹没，这不正是象征人的堕落吗？当犀牛刚刚出现时，有的人还漠不关心，有的人也曾经信誓旦旦，但当“变犀牛”已成为时髦时，人人都随波逐流、争先恐后地变为犀牛，就连主人公贝兰吉的情人也“不能再坚持抵抗了”，抛弃他投入犀牛的洪流中。这些正是令尤奈斯库深思的问题：就二战而言，为什么千千万万的人卷入了这股可怕的潮流，参与法西斯罪恶的人是怎样形成的？许多人又是怎样在不自觉中充当了帮凶？他们何以对自身在现实社会中的可怕处境竟然熟视无睹、麻木不仁、美丑不分甚至还趋之若鹜，心甘情愿地丧失自己的人格？这难道不正是人被异化后，人格丧失、精神堕落、以丑为美而带来的社会灾难的可怕景象吗？

《等待戈多》

荒诞派最著名的代表作是塞尔·贝克特的《等待戈多》，1953 年上演获得了巨大的成功。连续演了 300 多场，是战后法国最叫座的一出戏，被译成 20 多种语言，在世界很多国家都上演过（在我国，被孟京辉改编后上演），经久不衰。在剧中，两个人物没有指望地空等被战后的一代观众赋予了无穷尽的意义，引起了思想上的强烈共鸣。可以说，这一剧中已成为了解和研究荒诞派戏剧的基础读物。

《等待戈多》是个两幕剧，主题就是：“等待”。出场人物共有五个：两个老流浪汉：戈戈、狄狄，奴隶主波卓和他的奴隶“幸运儿”，还有一个小男孩。

故事发生在荒野的路旁。

第一幕。空旷的乡间路旁。一棵枯树。时间是黄昏。两个流浪汉狄狄和戈戈无家可归，碰到一起，开始了梦呓般的对话。最后，他们谈到说他们在等待戈多。“等戈多干什么?”向他“祈祷”、向他“乞求”。“咱们什么权利都没有了”，“都拴在戈多身上了”。但是他们又不知道戈多是谁，什么时候来。为了消磨时间，脱靴子，察看帽子，没话找话、斗嘴。他们觉得：等不来戈多又得等待这种状态“真是可怕!”。奴隶主波卓上场，他鞭打着用绳子牵着的奴隶“幸运儿”，要他“听他的思想”并声言要卖掉他。幸运儿哭泣。接下来，两个老流浪汉又开始了对话：“咱们现在干什么呢?”“我不知道。”“走吧”。“不能。”“为什么?”“等待戈多呀。”这时小男孩上场，他是戈多的信使，报告说：戈多今晚不来了，明晚准来。孩子退场，夜幕突然降临。这是第一幕。

第二幕。次日。同一时间和地点。枯树却长出了四、五片叶子。两个老流浪汉又来到老地方等待戈多。两人又是没话找话，却又同时开口。奴隶主波卓和“幸运儿”再次出场，波卓已成了瞎子，奴隶“幸运儿”已经气息奄奄。信使小男孩再次上场，说戈多今晚不来了，明晚准来。两个老流浪汉想自杀，可是又没绳子，裤腰带又太短，最后还是决定明天再上吊，除非戈多来了。他们认为戈多要是来了，他们就得救了。他们准备找个地方过夜，说：“好吧，咱们走吧。”但仍然不动地方（似乎还是要在毫无希望中等待）。剧终。

如果我们按照传统的戏剧法则去衡量它，几乎没有哪一点可以得出满意结论。它没有剧情发展，结尾是开端的重复，终点又回到起点；没有戏剧冲突，只有乱无头绪的对话和荒诞的插曲；人物没有正常的思维能力，当然也就很难谈得上形象塑造、性格描绘；地点含含糊糊，时间脱离了常规（一夜间枯树就长出几片叶子）。但这正是作者为要表达作品的思想而精心构思出来的。台上出现的一切是那样的肮脏、丑陋，是那样的荒凉、凄惨、黑暗，舞台被绝望的气氛所笼罩，令人窒息。正是这种噩梦般的世界，能使西方观众同自己的现实处境发生自然的联想，产生强烈的共鸣。

西方评论家对戈多有各种各样的解释，有的说戈多是上帝，有的说戈多是现实生活中的某某人等等。有人曾问贝克特戈多是谁，他说他也不知道，且回答充满了机智或多少包含着真实："我要是知道，早就在戏里说出来了"。贝克特看到了社会的混乱、荒谬，看到了人在这个处境中的悲凉和无奈，但对这种现实又无法做出正确的解释，更找不到出路和救星。只见到人们在惶恐之中仍怀有一种模糊的希望，而希望又"迟迟不来，苦死了等的人"，这就使作家构思出这个难以解说的戈多来。所以，戈多实际上是一种象征，象征着西方社会中一部分有所期待却又不知道期待着什么，明知期待的不可实现却又不能不寄予期待的那种无可奈何的心理。

从当时的一篇报道中我们可以想见其影响，这篇报道就是马丁·埃斯林写的"荒诞派之荒诞性"。

荒诞派之荒诞性

——马丁 埃斯林（英）

1957年11月19日那天，一群心神不定的演员正准备和观众见面。这些演员属于旧金山的演员实验剧团。他们的观众是圣昆廷监狱的一千四百名囚犯。自从1913年萨拉勃思哈特在这里露面之后，圣昆廷再也没有演过舞台剧。四十四年后的今天，将在这里上演萨缪尔·贝克特的《等待戈多》，选中这部戏的原因是因为戏里没有女人出现。

难怪演员们和导演赫伯特·布劳如此忧心忡忡。这出戏非常晦涩难懂，需要很强的理解力，甚至在西欧很多非常老于世故的观众中，它都几乎引起骚动，他们又如何敢于面对世界上最粗鲁的一批观众呢？导演决定使圣昆廷的观众对他们即将看到的东西有个思想准备。他走上舞台，面对拥挤不堪的黑压压的北饭厅，台下一片火光闪闪，因为囚犯们点完烟就把火柴朝身后一丢。布劳把这出戏比喻为一首爵士乐曲，必须听下去才能知道从中得到了什么。同样，他希望《等待戈多》能使每位观众都有所感，对每个人都有意义。

帷幕拉开，戏开始了。把老练的巴黎、伦敦和纽约的观众弄得稀里糊涂的东西，却立即被囚犯观众所掌握。正如在监狱报纸《圣昆廷新闻》的专栏中，《首演备忘录》一文作者所说："三人一组的腕力充沛的大力士，把一共六百四十二磅的体重完全停放在过道上，等着看姑娘和逗乐的那套玩意儿。既然没有这些，于是听得出来，他们发火了，而且打算一黑灯就溜出去。可是他们打错了主意。他们听了听，看了看，两分钟之后，就待来下来。一直到散场才离开。都震惊了……"

在场的一位旧金山《编年史》报的记者注意到囚犯们并

没有感到这出戏难于理解。一个犯人告诉他:“戈多就是社会。”另一个说:“他就是局外人。”记者引用在监狱工作的一位教师的话说:“他们能理解等待意味着什么……而且他们知道即使戈多终于来了,他也只会使人失望。”

为什么一个被视为深奥的先锋派戏剧,能在犯人观众中引起如此直接、如此深刻的影响?是由于它在他们面前提供了一个在某些方面与他们的情势相类似的情势吗?也许是的。或者也许是他们实在不明事理。去看戏时没有带着任何先入之见和现成的期望,所以他们能够避免很多权威评论家陷入的错误,即指责这出戏缺乏情节、发展、性格刻画、悬念,以致常人之见。

也许,这些被社会抛弃的人,更容易体会“等待”对他们意味着什么吧。

荒诞派戏剧的艺术特征:

第1,抛弃传统叙事作品的基本格局,以荒诞的形式直喻荒诞的主题。

荒诞派戏剧抛弃了传统戏剧的叙事方式,摒弃结构、语言、情节上的逻辑性、连贯性。他们不再像传统戏剧那样依靠情节、矛盾、冲突、展开和解决的模式达到戏剧效果,也不再争论人类处境荒诞性,而是以具体的舞台形象直接表现存在的荒诞性。在他们的戏剧中,故事往往简单又简单,情节平庸又平庸。贝克特甚至说:“只有没有情节,没有动作的艺术才算得上纯正的艺术。”[1] 荒诞派戏剧就是要靠演出本身、靠舞台

① 转引自江伙生:《法国荒诞派戏剧评析》,见《法国研究》,1984年第1期。

形象及场面来达到戏剧效果。在他们看来，既然世界本身无规律可循，不能用明晰的理性来解释的，那戏剧当然也如是。于是，在他们的戏剧舞台上常常出现光怪陆离，荒诞不经的场面，没有具体的情节，没有什么开场、高潮、结局，没有符合现实的人物，也没有明确的时间地点。剧中没有鲜明的、栩栩如生的人物性格，却充满了破碎的舞台形象，但总的又都指向一个明确的主题，具有明显的整体感。

如：《犀牛》中，人人争着变为犀牛，以及犀牛狂奔、墙倒屋塌的可怕场面、直喻着人失去了自己的本质，异化为非人的荒诞情形。

《等待戈多》中的两个流浪汉，作为整个“人”的象征，他们的流浪汉的身份直喻了“人”失去了精神上的家园，无家可归的悲凉状态。他们空空的等待则象征着人们对未来的若有若无的期望。

《秃头歌女》中，原本为夫妇的最亲密的两个人，竟然成了好似互不相识的陌生人，直喻荒诞的世界中，人与人的关系也出现了全面的危机，没有谁是完全可以信任的了。

周而复始，循环往复的重复式结构，如《等待戈多》的第二幕和第一幕的雷同，“今天不来了，明天准来”重复，会让人不禁想起西西弗斯推巨石上山，巨石滚下来，他再把它推上山的荒诞生活。但这种重复结构却又起到了强化主题的效果，也是荒诞派戏剧特有的一种结构。此外全剧开头结尾场面相同，只是人物由史密斯夫妇换成了马丁夫妇，剧中人物可以随便更换、替代，直喻着人已经失去了自我和个性，不再是卢梭讲的那个“上帝创造了我就打碎了那个模了”的那个独一无二的你了。

第2，荒诞的表现手法：荒诞的剧情、荒诞的人物、荒诞的语言。

荒诞派戏剧的剧情往往不是我们生活中熟知的故事和经历，而经常是些出乎预料、别出心裁乃至不可理喻的故事。它们没有矛盾冲突、没有因果联系，无逻辑、无理性，浑浑噩噩、杂乱无章。如：

《等待戈多》中两个流浪汉盲目地等着戈多，却不知道戈多是什么人；他们头一天晚上还在一起等待，第二天见面却又互不相识。

《椅子》中，老夫妇俩像小孩一样玩着莫名其妙的游戏，后老头儿又“哇”的一声像婴儿一样地大哭起来。老头费尽心思请来替自己宣讲人生秘密的演说家，最后居然是个哑巴。

在荒诞派作品中，不多的几个登场人物，大都是被环境挤扁了的可怜虫。语言不清、思维混乱，失去了理性，奇形怪状的样子。如：《未来在鸡蛋中》里的会生鸡蛋的女人；《喜剧》中装在坛子里谈三角恋爱的一男二女；《啊，美好的日子》中已经半截被埋在土里还整天打扮自己的老妇人等等。荒诞派作家认为，这种可怕的现象，是由人们面对的可怕的生活环境造成的。但环境无法改变，所以人们只能生活在无边的痛苦和绝望之中——这是荒诞派作家之所以普遍具有悲观主义倾向和虚无主义倾向的一个重要原因。

另外，人物的语言也十分荒诞。荒诞派戏剧和传统戏剧的语言完全不同。他们不断重复日常生活中的陈词滥调，人物对话枯燥乏味、语无伦次、思维混乱。如《犀牛》第一幕中，几个人对刚才看到的犀牛是亚洲种或是非洲种，是独角或是双角争论不休；《动物园的故事》中杰利有一大段废话，长达数页。作者还在提示中这样写道："念下面这大段台词时要配上很多动作，以便在观众身上达到催眠的效果"。像《等待戈多》中的幸运儿作长篇演说时，听他演说的三个人，有的开始时聚精会神地谛听，然后是抗议：有的由丧气、厌烦到痛苦、激动。最后都扑到他身上。但幸运儿仍挣扎着，喊着他的讲演词。那是由一些毫无逻辑联系的句子和词组成的，而且作者未加一个标点。——从总体意义上看，都是些无稽之谈。它们仅仅负载着这样的功能：显示现代人的空虚单调，机械压抑，以及不可能互相理解和交流，人心与人心的陌生和遥不可及的距离。

第3，将"物"的力量夸大推向极致，让舞台道具说话

尤金·尤奈斯库在《戏剧的实验》一文中曾说过："如果说戏剧的本质是扩大效果的话，那么就应当尽量地扩大、强调、激化它的效果，使它达到顶点。…… 应该使戏剧朝着畸形以及漫画的方向迅速奔驰……使戏剧回到令人无法忍耐的地步。让戏剧把一切推向痛苦的极点……戏剧是感情的极度夸张，脱离真实的夸张。"[①]

荒诞派作家正是遵照这样的戏剧主张进行创作的，可以说，没有极端怪诞的夸张也就没有荒诞派戏剧。极端怪诞夸张表现在剧情组织、人物造型、背景设计、语言运用以及灯光、道具的使用等等方面，如《秃头歌女》中的那架挂钟，不但胡敲乱打，有时竟突然发出一声重响，能把观众惊吓的从座位上跳起来。在《犀牛》中，灯光布景上、乐池里活动着的成群的犀牛，舞台上是犀牛造成的墙倒屋塌的可怕景象，使观众

① 转引自黄雨石译《椅子》译者后记，中国戏剧出版社，1962年。

处于极度的恐慌之中。在《椅子》中，则是让人物活动在一间四面环水或夜色笼罩的屋里，等等，使观众随着剧情的“发展”，达到“无法忍耐的地步”。

荒诞派作家很懂得作为综合艺术和直观艺术的舞台艺术形的特点，他们是为剧场写戏，不是为读者写戏，他们又很注意研究剧场观众的心理活动过程，所以他们运用极端怪诞夸张的表现手法，在舞台艺术的各个领域任意驰骋，“把一切推向痛苦的极点”，给观众造成内心的极大震动。他们将现实生活的面貌加以扭曲、变形、漫画化，以此来加强戏剧效果，不致被人们“走过一个街区就忘掉”。

尤奈斯库说：“我试图通过物件把我的人物的局促不安加以外化，让舞台道具说话，把行动变成视觉形象……我就是这样试图延伸戏剧的语言。”[①]

很显然，荒诞派戏剧是靠演出本身、靠舞台形象以及场面来达到戏剧效果的。他们认为，世界无规律可循，没规律的东西也不能靠正常的语言来表达。

荒诞派作家敏感地看到资本主义社会的精神危机、道德危机，看到了物欲主义和生产的无政府状态对人造成的损害，并以怪诞的艺术形式对这些尖锐的社会问题进行了揭露和抗议，这正是他们的艺术作品得以存在并广泛发生影响的一个主要原因，也有着一定的认识意义和作用。它在艺术上的大胆试验，也有值得研究和借鉴的地方，欧美戏剧发展至今一直都能感受到它的影响。

---

① 转引自朱虹：《荒诞派戏剧集》序，上海译文出版社，1980 年。

（二）黑色幽默文学（The Black humour）

“黑色幽默”是20世纪60、70年代风行美国的文学流派。是随法国荒诞派戏剧之后在美国流行起来的，所以，有称“黑色幽默”文学与荒诞派戏剧是大西洋两岸的孪生兄弟。

1965年，美国作家弗里德曼收集了一些作家的小说片段，编成一个集子，书名为《黑色幽默》。几个月后，另一个作家尼克贝克发表了一篇文章，题为《致命一蛰的幽默》。从此之后，这一文学流派便以“黑色幽默”名称广泛传开了。弗里德曼被称为“黑色幽默”的司令官，尼克贝克被称为“黑色幽默”的理论家。

黑色幽默不同于一般幽默的地方在于，黑色幽默作家将荒诞世界和人的异化、人与其生存的环境互不协调的现象加以放大、扭曲，变得畸形，并对之玩世不恭、冷嘲热讽，使之变得更加荒诞不经，滑稽可笑。但在笑声中包含着沉重和苦闷、泪水和痛苦、忧郁和残酷。

“黑色幽默”文学形成的思想理论基础是现代反理性的种种哲学思潮，其精神实质源于萨特的存在主义哲学，而弗洛伊德的精神分析学、柏格森直觉主义也对它有着不可低估的影响。

弗洛伊德关于“潜意识”和“艺术即做梦（白日梦）”说法，使“黑色幽默”作家获得了理论上和表现手法上新武器。

柏格森关于“心理时间”的说法，促使“黑色幽默”小时家大胆破除传统小说以时间先后为序的叙述方法，而采用过去、现在、将来相互颠倒、彼此渗透结构。

当然“黑色幽默”文学主要哲学基础是萨特的存在主义。

存在主义强调世界和人的存在是荒谬的，没有固定的意义和价值。这个观念恰恰是“黑色幽默”的思想基础。但存在主义在强调世界的荒谬的同时，却主张人勇敢地去接受荒谬生存条件，通过自由选择而获得有价值的本质，这便跟“黑色幽默”的一般倾向不同了。对“黑色幽默”作家来说，在荒谬的生存条件中，人能够进行自由选择的可能性是非常有限的，甚至是不存在的。“黑色幽默”更加强调绝对的荒谬，思想上显得更加绝望。冯尼格在自己被称为“黑色幽默”作家时说过：“黑色幽默”就是“大难临头幽默。”这句话一语道破“黑色幽默”的悲观情绪和风格特色。

同样是展示现代人所处的荒诞境地，卡夫卡以惊恐的神情面对；加缪凛然蔑视之；黑色幽默作家却带着笑容相迎。当然这笑容充满了苦涩和绝望！（只有无可奈何一笑的余地了）

“黑色幽默”的主要作家及其代表作：

约瑟夫·海勒（Joseph Heller）

以《第二十二条军规》（1962）闻名文坛，后又写出《出了毛病》（1974）和《像戈尔高那样好》（1979），成为公认的黑色幽默派的代表作家。

库尔特·冯内古特（Kurt Vonnegut）他坚信，幽默是一种远离残酷生活从而保护自己的方法。代表作：《第五号屠场》。

约翰·巴思（John Barth）　代表作：《烟草经纪商》。

托马斯·品钦（Thomas Pychon）　代表作：《万有引力之虹》。

“黑色幽默”以喜剧的方式讲述悲剧的内容，这是一种

“绝望的喜剧”。

“黑色幽默”作家对生活的体验、观察、解剖和描写与传统文学迥然不同。他们看到了生活中存在着可怕的东西，于是进行了愤怒的揭露和讥讽；同时他们看出可怕的东西具有的滑稽性质，于是在讽刺和揭露中发出了纵声大笑，但是在笑声中又包含着绝望的情绪。“黑色幽默”的笑声往往是自我嘲讽，或是无可奈何的解嘲；它既引人发笑，又催人泪下，甚至叫人啼笑皆非，更进一层，它让人们在笑中、哭中、哭笑不得中思索问题。

“黑色幽默”的冷：笑的感到透心的冰冷，却又故意把自己置于事外——局外人的位置。卓别林的一些喜剧作品似乎有点这种味道，但卓别林的剧更多的不是专拿痛苦开玩笑。观赏他的作品，人们的笑声是发自内心的，但笑声的背后总有一丝酸楚在心头，那是对人生凄凉孤独不幸的感慨和同情。

例如：“黑色幽默”作家托马斯·品钦在《伊色弄到了一个鼻子的差事》中对第一次世界大战的伤兵作了这样的描写：

“他们蹒跚的跛行可能意味着在一只腿上布满了伤疤的结缔组织构成的锦缎和浮雕——有多少女人曾经看到了锦缎和浮雕，然而有躲开了?”（把丑当作美来赞赏，明明知道这种锦缎和浮雕是人们不忍看下去的，却又明知故问：“有多少女人……”）——“他们很想把咽喉上的伤疤像华丽而又俗气的战争勋章一样谦逊地掩藏起来，”（咽喉上的疤痕，是战争不幸的痕迹，也是人们不愿把它当作美来炫耀的，而作者却故意把这种不愿暴露的心理说成是想“像战争勋章一样谦逊地掩藏起来”）。“他们的舌头从面颊上的一个洞口伸了出来，由于这张额外的嘴巴，他们将永远不能再讲秘密的悄悄话。”[①]

从这一段描写可见，在他们的幽默中，一种（近乎）疯狂、荒谬、绝望和非常残酷的东西出现了。

一名遍体鳞伤的士兵，在一场空前规模的大屠杀中侥幸生还，如果在一般人，会激起愤怒和同情，但是品钦却看到了滑稽的东西。可怕的伤痕比之为具有美感的锦缎和浮雕不说，面颊上不幸的伤口竟然被形容为一张额外的嘴巴，等到作者似乎是幸灾乐祸地指出这位伤兵再也讲不了秘密的悄悄话时，他就把这种幽默的残酷表现到令人震惊的程度了。在恶魔一样的大笑中，战争的痛苦和不幸反而显得更加悲惨、深重和使人无法承受。

可见，“黑色幽默”的主要特征全在于它对于生活的经验产生了一种与传统的文学迥然不同的剖视。就好像绘画有平面的线条和立体的透视一样，“黑色幽默”在对生活的理解上也形成了一种完全不同的透视，它看到生活中存在着可怕的东西，又看出可怕的东西具有的滑稽的性质；它发出了纵声大笑，但是笑声中又包含着寒冷到冰点的绝望情绪。

约瑟夫·海勒　《第二十二条军规》

《第二十二条军规》是“黑色幽默”文学的代表作之一，也是其成名之作。写的是美国一支空军中队的内幕。作品中的主人公尤索林要求停止飞行复员回国的斗争构成了小说的主要内容。

尤索林本来是个正直、诚实、富于正义感、具有爱国心的

① 转引自《外国现代派小说概观》，江苏人民出版社，1985 年。

青年，他抱定为祖国作战的信念，所以一开始在战斗中表现得很勇敢。他受命带领六架飞机去炸一座德国的桥梁，其他五个轰炸员在头次飞越目标时就投了炸弹，结果没有击中目标，又葬送了全部机组人员的性命。唯独尤索林在第二次飞越目标时，在周围没有其他飞机牵制高射炮火的情况下，大胆投了弹，结果炸毁了桥梁。为此他被提升为上尉，获得一枚勋章。

后来，在涂满象征勇敢、正直、诚实和爱国标志的飞机下，尤索林看到的真相使他大失所望。用他自己的话来说，“我抬头一看，就只看见人们拼命地捞钱，我看不见上帝，看不见圣人，也看不见天使。我只看见人们利用每一种正直的冲动，利用每一出人类的悲剧，拼命捞钱。”由于这一个发现，尤索林才感到，替这些人升官发财卖命是毫无意义的，是愚蠢的。于是他千方百计地来保全自己的性命，一变而成了典型的怕死鬼。他的生活目标就是活下去，“活下去”就是一切，活下去就是胜利。为了活下去，在一次执行任务的途中，他以对话机出了毛病为名，迫使飞机脱离战斗返航。为了活下去，当紧张激烈的战斗正在进行的时候，他却躲在医院里装病。为了活下去，他公然拒绝执行飞行任务，要求回国。

尤索林装病装疯，要求按第二十二条军规办事，《第二十二条军规》规定，疯子可以停止飞行，只要是自己提出要求就行。尤索林装疯申请停止飞行。但第二十二条军规还有一个附带的条件：“凡是本人提出停止飞行的，证明不是疯子，就一定要执行飞行任务。”结果没有办成。第二十二条军规还规定：飞行任务满 32 次者，可以不再执行任务；但有个附加条件，就是在停止执行任务之前，必须服从长官的命令，不得违抗。尤索林完成了规定的飞行次数后，司令官就命令他不断地增加任务，40次、50次……看来非增加到他被德军的炮火打死不可。尤索林终于明白，第二十二条军规原来并不存在，它是一个骗局，是一个让人永远摆脱不了的天罗地网。尤索林被逼到了绝境，他只好公然拒绝起飞而要求回国。上级答应了他的要求，但有个条件，得做一笔交易：把他“作为英雄送回国去，说五角大楼为了鼓舞士气和向外宣称而召他回国。”如果尤索林答应这个条件，就可以提升为少校，再发一枚勋章，受到吹捧，还专门叫人准备几篇精彩的新闻稿，打算描绘一下他在战场上的“英勇事迹”，他“对自己部队的赤胆忠心”，以及他“对职责的崇高献身精神。”只需同意这一条件，尤索林就会过“富有、奢华并不断得到酬劳的特权的生活。”否则就要上军事法庭。为了“求自己一命”，尤索林“一时软弱同意了这笔交易。过后，他觉得，这是一笔卑鄙下流的交易……是一笔令人作呕的交易。”因为同意了这笔交易就等于欺骗弟兄们，鼓励他们执行更多的飞行任务，直到丧命。因而，尤索林又决定放弃这笔交易，最后他在几个知己的帮助下，开了小差。按常理讲，尤索林简直是个典型的怕死鬼，存在主义变成了他的活命哲学。但是这种状况是环境逼迫的结果。在这种环境下，尤索林的所作所为是有选择的：是替一小撮野心家的升官发财而卖命，还是为自己留一条活命？在这个问题上，尤索林选择了后者。下一个问题便是：怎样才能保命？是同意那笔肮脏的交易让人家把他送回国去，还是对朋友问心无愧地私自溜掉？尤索林也选择了后者。这充分体现了尤索林在他的那种特定的环境下的选择。以海勒之见，尤索林不但敢于在行动上反抗当权的大人物，而且在认识上也高于自己的同伴——那些被第二十二条军规预先判处了死刑的小人物。这些小人物，一个个麻木不仁，酗酒嫖妓，过着醉生梦死的生活，追求生的本能都忘记了。比起他们，尤索林却有众醉独醒的优越感。他愿意活下去，而且懂得活下去的技巧：和别人一样地吃喝嫖赌，替米洛开飞机让他搞投机生意。他尽管随俗浮沉，逢场作戏，但毕竟有自己的“自由意志”，能从荒谬和丑恶的环境中看到喜剧性的一面，开个玩笑，嘲讽几句；在授奖大会上，别人都穿得整整齐齐，他竟光着屁股站在行列里。这表明，一方面他不甘心被控制得一声不吭，有机会就得自我表现一番。另一方面，因为他的好友斯洛登执行飞行任务时被打死，血溅了尤索林一身，所以他只怕再增加飞行任务时也会被打死，赤裸身体，装疯卖傻，免得再去送死。

所以小说以《第二十二条军规》命名是有深刻寓意的。你会觉得这军规可笑，然而在这种看似可笑的东西中，一种发痴、发狂、发疯以致绝望的东西出现了。它把你整得一点脾气都没有了，只剩下无奈的一笑了。

尤索林是作家的化身和代言人，海勒把自己参战的亲身感受、思想哲学观点都集中于笔端，用来塑造尤索林的形象：他能认识世界的疯狂，在疯狂的世界中又有选择的自由，更加是个与众不同的“英雄”，一个“反英雄”意义上的英雄。那么，到底什么是第二十二条军规呢？

其实，它没有实有的文体，它是一种象征，是权利加蛮不讲理的象征。它代表一种任意捉弄和摧残人的乖戾的力量，表现了军事官僚体制灭绝人性的本质。它总是设法整人，你无论怎样挣扎也逃不出它的手心；它总是有理，你总是无理，你必须放弃想要问个明白的念头，你得时刻准备承受它的打击。第二十二条军规就是如此滑稽、如此可怕。可以想象，能够看得见的东西即有形的东西，你把它说得再可怕比如鬼，说它红眼睛、绿头发、黑舌头种种，听起来让人毛骨悚然，但已被描绘为一种形象，形象就是有限的，所以再可怕的鬼它的可怕的程度也是有限的了；但是如果是一种无形的东西，看不见、摸不着，像幽灵一样地随时跟着你，控制着你，你又无从抗拒它，这种东西恐怕比前者更使人不寒而栗的无以复加。

“第二十二条军规”，作为“难以逾越的障碍”或“无法摆脱的困境”，进入了美国人的日常语言，并且被编入了词典。同时，作为小说，该书也成为“黑色幽默”文学里程碑式的小说载入史册。

“黑色幽默”文学的艺术特征：

第1，特殊的幽默风格

与西方传统文学中的幽默不同是：在“黑色幽默”文学中，悲剧的内容采取喜剧艺术的处理手法，痛苦和不幸也成了开玩笑的对象。而在传统文学中，悲剧和喜剧的区分是很分明的：喜剧讽刺反面人物的丑恶和畸形，悲剧表现正面英雄的痛苦和不幸。

“黑色幽默”最显著的特点就在于它比传统的幽默要残酷。“黑色幽默”的作家们总是面带微笑地讲述在残酷命运捉弄下的烦恼，抑或用貌似轻松达观的口吻来表达最无可奈何的心理和情绪，但实际上他们是在企图把内心无形的恐惧变成有形的大笑，把置身事物中的自己变成旁观的第三者。它虽然在大笑，但这是一种痛苦的笑、恐怖的笑，是那种由于事情荒谬到无以复加而只能报以无奈一笑的笑。所以，“黑色幽默”也被称为“大难临头的幽默”，或“绞刑架下的幽默”。“绞刑架下的幽默”的说法，来自一个美国的民间笑话：在一个对死囚执行公开绞刑的日子里，绞刑架旁聚集了大批观众，可是囚犯迟迟未来。监刑人、刽子手和观众都等得不耐烦了。终于，狱卒押着囚犯来到刑场，囚犯看到人们焦急贪婪的目光不禁笑了，他得意地说：“没有我，你们什么也干不成”。面对这样一个场面，“黑色幽默”作家的全部表情是做个鬼脸、耸耸肩膀。看到绞刑架旁的芸芸众生不禁哈哈大笑。这种幽默就是典型的“黑色幽默”。

第二，“反英雄”式的人物。以往，英雄在人们的心中是让人钦佩、仰慕以至崇拜的高大的形象，而“黑色幽默”文学中描写的人物，特别是主人公，与传统文学中的英雄人物完全不同，都是一些反英雄形象人物。他们怀疑和否定传统价值，有众醉独醒的孤独感和自己的追求。这些人物常常嘲笑自己曾经尊重的，破坏自己曾经建树的，否定自己曾经肯定的，抗议自己曾经接受的，以至生出许多同“英雄”称号极不匹配的滑稽可笑、难以理喻的行为，《第二十而条军规》中的主人公尤索林就是一个反英雄的典型。作家们往往借助“反英雄”人物可笑的言行影射社会现实，来表达自己对社会问题的观点，读者也会从反常可笑的“英雄事迹”中感受到某种现实力量对人的强力挤压及人面对挤压时的人的无奈和看似有些滑稽的抗争。

第三，“反小说”的叙事结构法。传统作家能驾驭广阔的社会幅面，把千万件杂乱的事理得有条不紊，形成结构严谨，层次分明的“有序”的文章。叙事有头有尾，情节发展要符合内在的逻辑关系。“黑色幽默”作家恰恰相反，他们打破传统，摆脱了“讲故事”的老套，改用暗示、烘托、对比、比喻、象征等手法，创造了一种“戏剧性”的新方法。他们注重自由联想的运用，凭主观想象任意驰骋。受柏格森“心理时间”影响，在小说的叙事和章法结构上，他们常常采用“时间旅行法”打破惯常时空观念的约束，把叙述现实生活与幻想和回忆混合起来，强调个人内心世界的多变和广袤。如：冯内古特的《五号屠场》中，主人公比利就寝时是个衰老的鳏夫，醒来时正在举行婚礼。“他说他多次可见自己的诞生和去世，发生在这生死之间的事情他不按顺序地任意改变。”①

（三）垮掉的一代（BeatGeneration）

“垮掉的一代”（BeatGeneration）是第二次世界大战后在美国出现的一个文学流派。一开始先是以小说和诗歌为其主要形式，随后影响到了电影、电视、音乐等艺术形式。

“垮掉的一代”喜欢研究哲学，它是存在主义与美国社会现实相结合并进一步发展、变种的产物。他们受萨特的存在主义、弗洛伊德精神分析学说和非理性主义影响，认为现代世界的一切苦难皆源于“理性”、“精神”，如果人们不是按什么“理性”、“精神”去行事，世界就会变得好起来。这就使“垮掉的一代”具有某种蒙昧主义、反理性主义的性质。

“垮掉的一代”文学的主要作家和作品有：

杰克·凯鲁亚克（Jack Kerouac 1922 年—1969 年）的小说《在路上》（On the Road）

艾伦·金斯堡（Allen Ginsberg，1926-19971926 年—1997 年）的诗歌《嚎叫》（Howl）

---

① 转引自骆嘉珊：《欧美现代派作品选》，云南人民出版社，1982 年。

威廉·博罗斯（William borrowes 1914 年—1997 年）的《裸体午餐》（Naked Lunch）等。

肯尼斯·雷克斯罗斯（Kenneth Rexroth，1905-1982），垮掉的一代的理论家，被誉为“垮掉派教父”，论著《离异，垮掉的一代的艺术》。

其中《在路上》和《嚎叫》被垮掉青年们誉为“垮掉的一代”的圣经。

“垮掉的一代”的名字是杰克·凯鲁亚克起的。“垮掉”（beat）是指“爵士音乐的节拍和宗教境界”，引申开来是指那些“彻底垮掉而又满怀信心的流浪汉和无业游民”。①

“垮掉的一代”作为一个以文学形式对美国社会深表不满的颓废愤青团体，它的产生与当时美国社会的政治状况密切相关。

美国作为在第二次世界大战中既发了横财又捞足了政治资本的战胜国，一时间感觉自己不可一世。然而战后一批社会主义国家的迅速兴起又让美国对共产主义运动充满恐惧，遂之发动朝鲜战争。朝鲜战争的失败，打破了美国不可战胜的神话，反而更加深了美国对共产主义运动的恐惧，导致美国开始在国际上大搞“冷战”，反苏反共；在国内实行高压，将反共之手伸社会每个角落，恣意以安全名义审查美国公民和旅美外国侨民。“麦卡锡主义”就是以参议员约瑟夫·麦卡锡为首的一个政治集团推行的这样一种政治路线。

后来，麦卡锡的政治迫害变本加厉，搞所谓“忠诚宣誓”和“内部敌人”的调查，范围扩大到了荒谬可笑的地步，总

① 《外国现代派文学导论》廖星桥 人民出版社，1988 年，第 470 页。

共有2000多万美国人受到了不同程度的审查，受到威胁的公民一再拒绝在引用了独立宣言词句的请愿书上签名，一片万马齐喑，出现了美国有史以来不曾有过的人人自危的精神高压状况。

不在沉默中爆发就在沉默中灭亡。终于，有人以不同以往的奇异方式爆发了声响，他们开始“嚎叫”，这就是“垮掉的一代”！在麦卡锡主义肆虐的环境下选择了以颓废、沉沦的方式作为生存的出路：他们蓄长发、穿奇装异服，他们满嘴粗话，鄙视一切，他们逃避现实，酗酒吸毒。

40年代末萨特的存在主义传入了美国，“垮掉的一代”以此作为自己的思想基础，并将它的消极一面与美国的社会现实相结合，强调在荒诞的世界中尽情地“自由选择”，将其片面地加以发展形成了他们自己的“追求”，却全然不顾自由选择与承担选择后果之间的联系，如金斯堡所言：“唯一出路就是把你的心灵从忧伤中拉出来，享受应该享受的幸福，也就是全心全意地满足你心中的一切。”① 从而推断出纵欲享乐、荒唐堕落的合理合法性。这种对社会的反抗对传统的伦理道德观念构成了强烈冲击及破坏，以至导致了一大批青年跟风效仿，视穿奇装异服、蓄长发、跳摇摆舞、群居、吸毒、性放纵等为时髦，乐此不疲。

金斯堡的长诗《嚎叫》

在旧金山第六美术陈列馆举行了一次在“垮掉的一代”历史上极为重要的诗歌朗诵会。金斯堡在一片疯狂的喝彩声

① 转引自赵一凡：《“垮掉的一代”述评》，《当代外国文学》，1981年第三期。

中，当众脱光衣服，以叫喊般的声音朗诵了他本人创作的长诗《嚎叫》，他为自己的一切本性高唱赞歌：有趣的、粗鲁的、骇人的、睿智的、同性恋的，叫响了“垮掉的一代”的心声，也为“垮掉的一代”成为重要的现代派文学的一个流派奠定了重要的基础。金斯堡本人也因此被誉为“垮掉的一代”的冠冕诗人。

绵长的诗行是惠特曼影响的结果，惊世骇俗的细节是他个人的人生写照。金斯堡在《嚎叫》中这样写道：

“我看见我这一代精英被疯狂摧残殆尽，饿着肚子歇斯底里赤裸着身体，

黎明中踉跄地走过黑人街四下寻觅想给自己狠狠地打上一针海洛因，

他们贫穷潦倒衣衫褴褛眼窝深陷醉醺醺地坐在没有热水装置的黑暗公寓里抽烟喷出烟雾飘过城市上空冥思着爵士乐曲，

……

他们进了大学睁着尖锐冷峻的眼睛在研究战争的学者们中间幻想阿肯色和布莱克式轻浮的悲剧，

他们被逐出学府因为癫狂又因为在校董事会的窗户上涂抹猥亵的诗文，

他们穿着内衣缩在简陋的宿舍里，在废纸篓中焚烧钞票倾听着墙外传来的死亡之音，

他们被警察拘留一丝不挂经过拉雷多返回纽约还狂抽了一顿大麻，

他们在想象的旅馆里吞吃火焰在天堂胡同里饮服松节油，要么死去，要么夜复一夜净练自己的躯干，

做着梦、吸着毒，伴着苏醒的恐怖、乙醇，同性恋爱和跳不完的舞会，

……

他们重新在西海岸落面满脸胡茬穿着短裤睁大和平主义者的眼睛调查联邦调查局的行踪黝黑的肌肤泛着性感分发着莫名其妙的传单，

他们用香烟在胳膊上烫洞以抗议资本主义麻醉性的烟雾，

……

他们一连交谈七十个小时从公园到床上到酒吧到贝尔维医院到博物馆到布鲁克林大桥，

一群迷惘的柏拉图式空谈家就着月光跳下防火梯跳下窗台跳下帝国大厦，

絮絮叨叨着尖叫着呕吐着窃窃私语着事实和回想和逸闻趣事和怒目而视的对抗和医院的休克和牢房和战争，

……

他们徘徊在夜半的铁路调车场不知去往何方，前行，依然摆不脱忧伤，

他们在货车厢里点燃香烟吵闹着穿过雪地驰往始祖夜色中孤寂的农场，

……

他们渐渐消失在巨大的肮脏电影院里，在梦幻中被赶了出来，惊醒在突然出现的曼哈顿，冷酷的葡萄酒和第三大街铁石之梦的恐怖驱散了他们地窖里的宿醉，既而一头跌进失业救济所的大门，

他们鞋子里渗透鲜血彻夜行走在积雪的船坞等待那条东方河流打开屋门通往一间贮满蒸气热和鸦片的房间，

……

他们扶着装满洋葱和劣等音乐的手推车对着街头的浪漫曲哭泣，

他们走投无路地坐着吸进大桥底下的黑暗，然后爬上自己的阁楼建造大钢琴，

……

他们纵身跳下布鲁克林大桥这确有其事然后悄悄走开遁入雾蒙蒙的窄巷和水龙忘在唐人街的精神恍惚里，甚至顾不上一杯免费的啤酒，

他们在窗台上绝望地唱歌，翻过地铁窗口，跳进肮脏的巴塞克河，扑向黑人，沿街号哭，在破碎的酒杯上赤脚舞蹈，摔碎三十年代欧洲怀乡的德国爵士乐唱片，喝光了威士忌，呻吟着吐入血污的厕所，小声地叹惜而震耳欲聋的汽笛忽然响起，

……”

诗中，金斯堡模仿和发展了惠特曼的自由诗体，且诗句狂放不羁，完全不拘泥于传统的文学形式，有的诗句长得不可思议，如：

“他们做着梦通过意向的并列在时空间造出形象化的裂隙，在两个视觉意象之间束缚住灵魂的天使并同全能之父永生之神的感觉一起跳跃把基本动词和套套的名词和意识的破折号结合在一起。”

在《嚎叫》中，传统文学的形式被打破，作者不顾社会责任和艺术规律，任由自己歇斯底里。我们看到更多的是粗俗野蛮、带有浓郁自然主义式的胡乱喊叫的发泄；看到的是一味

地顺从自己，由着潜意识里的东西四处溃溢，到处泛滥，乃至癫狂、色情、污秽、神秘的东西充斥诗中，“颓废”、“垮掉”之感扑面尽显。当然，另一方面，这样的诗歌形式，在当时确实在一定程度打破了学院派诗歌的清规戒律的，让诗歌有了与以往不同的新变化。

凯鲁亚克的《在路上》

1957 年，“垮掉的一代”作家又问世一部影响极大的作品，这就是凯鲁雅克的长篇小说《在路上》。五十年来该书畅销不衰，影响了整整一代美国人的生活方式，被公认为 20 世纪 60 年代嬉皮士运动的经典，被翻译成了 25 种语言。

《在路上》是作家带有自传性质的一部作品，据说它是由凯鲁亚克在三个星期中用了一卷长达 30 米的打字纸一口气写完。据说之所以不用普通纸而用打字纸是因为他不想因为总要换纸而被迫中断自己的思路，他借用超现实主义“自动书写”的写作方式自发写作，任凭思绪肆意奔涌。凯鲁亚克坚持认为：“最原初的想法就是最好的想法”，为此他要求自己对已经写完的文稿不做修改。

小说以第一人称“我”讲述了一个看似荒唐却不乏现实的故事。“我”为了追求个性，在一个叫狄恩的年轻人的带领下组织了一帮人，他们几度横跨美国大陆，穿越于辽阔大地上的山川、平原、沙漠、城镇之间，最终还到了墨西哥。这群青年男女一路上搭车或开车，他们打短工、群居、偷盗、酗酒、吸毒，结识社会渣滓、高谈东方禅宗，兴之所起无所不作，及时行乐，疯狂地热爱生活，是一群“彻底垮掉而又满怀信心的流浪汉和无业游民”。当时的美国，成千上万苦闷的年轻人对他们这群人的生活态度、行事方式、精神追求羡慕有加、神往备至，视其为榜样而去追随效仿。

《在路上》讲述的一群青年人，他们在流浪、冒险式的旅途路上来探索生命的真谛，感悟生命。书中写道："我们的破行李又堆在了路边，前面还有很长的路要走，但是没关系，生活本身就是一条永无尽头的大路"。"你的路是什么呢？伙计？——圣徒的路，疯子的路，虚无缥缈的路，淡泊悠闲的路，还是其他什么路？从某种程度上说，每个人都有他自己的路，问题是怎么走？走到哪儿？"

他们吸毒，从吸毒的幻觉中体会乐趣和刺激，激发他们对生活认识的灵感。这个群体是美国历史上第一个参与偶然吸毒的群体之一。小说的第四章第 2 节，借口狄恩为我们描述了吸食大麻后的感觉。"第一天，我像块木板似地直挺挺地躺在床上，既不能动，也不能说话，只是两眼大睁着直视前方。我可以听见脑子里嗡嗡作响的声音，眼前闪动着各种图像，奇妙无比。第二天，我渐渐有了意识，我所做过的、知道的、读过的、听过的和幻想过的一切又重新涌入我的脑海，它被按照一种新的逻辑方式排列起来，因为我什么也不能想，只感到惊奇和激动、我不住说着'好，好'，只有这样才能稍稍平静下来。这些大麻引起的幻觉一直持续到第三天，我才渐渐理解了所发生的一切，我的全部生活也被决定了"。

他们对待性的态度也极其开放。旅途中，走到哪都会去找女人。他们不想结婚，认为"结了婚像是有了固定的职业。"但他们热衷于性爱，认为"性爱是宇宙的创作的原则"。狄恩很受女孩倾心，他同三个女人结过婚，但她们皆因不能接受他放浪不羁的生活离开他。同时，狄恩也受男性的喜欢，卡罗·

马克斯就喜欢狄恩，他们俩“几乎废寝忘食地待在一起聊天”。

他们迷恋爵士乐和疯狂的流行乐，一路上大开收音机不停地听着唱着，酒吧里爵士乐手的演奏会让他们激动的难以自持。小说多处描写酒吧的爵士乐家表演。“罗拉对任何事情都不抱怨。他是个大学者，常常在腋下夹着17世纪的乐谱手稿，跌跌撞撞地来到纽约的海滨，声嘶力竭地唱着。他像只大蜘蛛那样从大街上爬过，兴奋的目光利刃一般闪过他的眼中。在极度激动中，他的脖子会发疯似的扭动，他说话含混不清，他痛苦地蜷缩着身子，他脚步沉重地走来走去，他叹息着，号叫着，最后在绝望中瘫软下来，一句话也说不出来。”

这样的一群“彻底垮掉而又满怀信心的流浪汉和无业游民”，蔑视一切社会习俗，反感因循守旧的生活，要去做一切从前没有做过的事情。他们不愿意有任何固定的职业，但对生活充满热情和渴望，愿意通过自己的冒险去探究并体验各种新奇事物，书中描写道：“他们一起冲上大街去寻找、探究那些当时颇感兴趣的东西，尽管后来这些东西在他们的眼里又会变得枯燥而又乏味起来。然后他们又再次去冒险，去寻找新的兴趣”。“他们的生活狂放不羁，说起话来热情洋溢，对生活十分苛求，希望拥有一切，他们对平凡的事物不屑一顾，但他们渴望燃烧，像神话中巨型的黄色罗马蜡烛那样燃烧，渴望爆炸，像行星撞击那样在爆炸声中发出蓝色的光，令人惊叹不已。”我们透过书中对主角狄恩的描述也可以很强烈地感受到这些特点：

“在西部的时候，他把自己的时间三分之一花在赌场里，三分之一花在监狱里，三分之一花在公共图书馆里。有人常看到他，光着头，抱着大堆的书，走过严寒的街道，急匆匆地赶向赌场，或者爬上一棵大树钻进某一个朋友的阁棚，整天躲在里面读书，或者说是借以逃避法网。”[①] 狄恩就是这样一个具有多重性格的人。他是一个赌徒，瘾君子，他偷盗、玩女人，因而时常蹲监狱。他虽然因家境从小长时间在感化院度过而无法接受正规教育，但他酷爱读书，渴望精神世界的满足，“一心一意只想着自己如何可能变成一个真正的知识分子。”其实狄恩是一个具有文化表征性质的典型人物，某种意义上，狄恩就代表了“垮掉的一代”，他就是“垮掉的一代”的化身。

其实，50 年代的美国，这群年轻人无法无天的叛逆是不被大多数人理解和接受的，小说中也有描写：“他们围坐在那里，用一种鄙夷的目光狠狠地盯着狄恩。”这些人指责狄恩“除了你自己和你那该死的寻欢作乐，你根本不考虑其他人。你所想的只是能够从别人那里得到多少钱和快乐，然后就把他们抛到一边。实际上你简直愚不可及，你从来没想过生活是严肃的，每个人都在干着什么来代替无聊。”而狄恩则“他幽灵一般地孤独地站在门口，凝视着街道。痛苦、指责、劝导、说教等等都跟在他后面，他的前面则充满了坎坷和疯狂。”但是他们还是一如既往地进行他们的革命旅程。

在垮掉的一代之后出现的“嬉皮士”，可以说是“垮掉的一代”主张及活动的翻版和延续，但他们不像垮掉的一代那样热衷于思想探索、试图以新的眼光看世界来寻找令人信服的某种价值，而是更乐于行动，以至于后来演化成为一种运动。

“垮掉的一代”文学的创作手法和艺术特征

① 转引自黄雨石、施咸荣译《在路上》，《外国现代派作品选》，上海文艺出版社，1984 年。

“垮掉的一代”创作手法说起来我们并不陌生，它明显地受到其他现代派艺术的影响，之前说过的意识流文学的“自由联想”法及超现实主义的“无意识书写”都对它有着不小的影响。这些方法又共同地的受到尼采、弗洛伊德、柏格森等哲学家非理性主义理论的影响。

意识流强调“自由联想”，它是在传统文学心理描写的基础上发展而来的，只不过在创作中，“联想”起来，约束更少随意性更大，以至读者难以察觉到事物前后的逻辑关联，情节变化显得突兀、跌宕、跳跃，更加自由，但并未完全摆脱理性，在一定程度上发展和深化了传统文学的心理描写手段，并创作出一批对世界文学艺术有重要的作品。

超现实主义则提出并采用了“无意识书写”的精神自动创作法，它源自于弗洛伊德精神分析中的“自由联想”法，创作家们强调在创作时不要作任何艺术上的考虑和任何形式上的思维，只为去寻找那种未受到理性干扰和筛选的最原本的、最真实的心灵搏动，从而达到所谓的“超现实”，即“绝对的真实”。他们在强调非理性上较意识流文学走得更远些，因此其作品也显得更晦涩难懂，文学上没有做出很大的贡献。

“垮掉的一代”更是撇开传统的创作规律，用上了他们所谓的“自发写作”他们反对理性，排斥道德规范，不考虑作家的任何社会责任，完全不对题材进行选择和提炼，同时也不管作品的内在联系而一味强调即兴创作、粗野创作，任凭无意识肆意冲动，毫无顾忌地自我发泄、自我表现，作品常常显得杂乱无章，时空跳跃。如同“垮掉的一代”著名诗人科尔索说，要在“神志恍惚的瞬间”和“思想疯狂的时刻”去狂写乱涂。而作家巴罗斯道出自己的创作原则是：“作家只有一样东西好写，即写作出现在意识屏幕上的东西”。一句话，他们的创作像在没有灯光的黑夜里，在无边的空间中，在超快节奏的乐曲下超快速地扭着屁股的“迪斯科”舞，扭到哪算哪儿，漫无目的，毫无控制。这样一套“骇俗”的表现手法实际上与意识流、超现实主义等其他现代派艺术一脉相承，只是在非理性的路上走得更远罢了。当然，另一方面，“垮掉的一代”对社会底层的直接接触或本身就来自于社会底层，他们作品所反映的内容往往就是社会现实本身，所以，它看似荒诞却又真实，虽然流行时间不长，但依然留下了一道不可磨灭的印迹，其中有些作品在青年中长期流传。

主要参考文献

叶秀山　傅乐安 编:《西方著名哲学家评传》第一卷，山东人民出版社，1984

钟宇人　余丽嫦 编:《西方著名哲学家评传》第四卷，山东人民出版社，1984

王树人　李凤鸣 编:《西方著名哲学家评传》第六卷，山东人民出版社，1984

侯鸿勋　郑涌 编:《西方著名哲学家评传》第七卷，山东人民出版社，1984

侯鸿勋　郑涌 编:《西方著名哲学家评传》第八卷，山东人民出版社，1984

侯鸿勋　姚介厚 编:《西方著名哲学家评传续篇》下卷，山东人民出版社，1986

【美】梯利 著，伍德增补，葛力 译:《西方哲学史》增补修订版，商务印书馆，1995

【英】罗素 著，何兆武 译:《西方哲学史》上、下，商务印书馆，2014

赵敦华 著:《现代西方哲学新编》，北京大学出版社，2001

张汝伦 著:《现代西方哲学十五讲》，北京大学出版社，2003

【英】赫伯特·里德 著，朱伯雄、曹剑 译:《现代艺术哲学》，百花文艺出版社，1999

【美】马泰·卡林内斯库 著，顾爱彬、李瑞华 译:《现代性的五副面孔》，商务印书馆，2002

萨姆·亨特 著，平野 译：《二十世纪西方绘画》，中国国际广播出版社，1988
柳鸣九 编选：《萨特研究》，中国社会科学出版社，1981
徐崇温、刘放桐、王克千等著：《萨特及其存在主义》，人民出版社，1982
【奥】弗洛伊德 著，高觉敷 译：《精神分析引论》，商务印书馆，1984
【奥】弗洛伊德 著，周艳红 译：《梦的解析》，上海三联书店，2008
【英】卢多维奇 著，李关富 译：《尼采艺术论》，新星出版社，2010
【法】让·吕克·夏吕姆 著，林霄潇、吴启雯 译：《西方现代艺术批评》，文化艺术出版社，2005
李幼蒸 著：《当代西方电影美学思想》，中国社会科学出版社，1986
啸声 著：《西方艺术纵横谈》，江西美术出版社，2012
韩秋红、王艳华、庞立生 编著：《现代西方哲学概论》，北京大学出版社，2010
黄颂杰、尹伯成、王沪宁、林骧华：《当代西方学术思潮》，浙江人民出版社，1986
鲍诗度 著：《西方现代派美术》，中国青年出版社，1993
马永建 著：《现代主义艺术 20 讲》，上海社会科学出版社，2005
北京大学马克思主义理论教育中心 编：《当代西方思潮评介》，北京大学出版社，1989
周国平 著：《尼采：在世纪的转折点上》，上海人民出版社，2000
陈卫平、施志伟 著：《生命的冲动：柏格森和他的哲学》，上海三联书店，1988
【美】罗伯特·休斯 著，刘萍君、汪晴、张禾 译：《新艺术的震撼》，上海人民美术出版社，1989
【德】沃纳·霍夫曼 著，薛华 译：《现代艺术的激变》，广西师范大学出版社，2002
【德】尼采 著，周国平译：《悲剧的诞生》，上海人民出版社，2009
【德】尼采 著，杨恒达 译：《查拉图斯特拉如是说》，译林出版社，2007
【德】尼采 著，张念东、凌素心 译：《权力意志》，商务印书馆，1998
【法】柏格森 著，姜志辉 译：《创造进化论》，商务印书馆，2004